MARCOS TRAVASSOS

CONTABILIDADE
GERENCIAL
RURAL E AMBIENTAL

Uso das Demonstrações Contábeis para geração de índices patrimoniais, econômicos e financeiros nas atividades agrícolas, pecuárias e ambientais

Freitas Bastos Editora

Copyright © 2023 by Marcos Travassos.

Todos os direitos reservados e protegidos pela Lei 9.610, de 19.2.1998.
É proibida a reprodução total ou parcial, por quaisquer meios,
bem como a produção de apostilas, sem autorização prévia,
por escrito, da Editora.

Direitos exclusivos da edição e distribuição em língua portuguesa:

Maria Augusta Delgado Livraria, Distribuidora e Editora

Direção Editorial: *Isaac D. Abulafia*
Gerência Editorial: *Marisol Soto*
Diagramação e Capa: *Julianne P. Costa*

Dados Internacionais de Catalogação na Publicação (CIP) de acordo com ISBD

```
T779c        Travassos, Marcos
             Contabilidade Gerencial Rural e Ambiental: Uso
             da Demonstrações Contábeis para geração de índices
             patrimoniais, econômicos e financeiros nas ativi-
             dades agrícolas, pecuárias e ambientais / Marcos
             Travassos. - Rio de Janeiro : Freitas Bastos, 2023.
             316 p. ; 15,5cm x 23cm.

             Inclui bibliografia.
             ISBN: 978-65-5675-315-7

             1. Contabilidade rural. 2. Contabilidade am-
             biental. 3. Contabilidade agrícola. 4. Contabi-
             lidade pecuária. 5. Contabilidade gerencial. 6.
             Gestão rural. I. Título.
2023-1810                                             CDD 657
                                                      CDU 657
```

Elaborado por Odilio Hilario Moreira Junior - CRB-8/9949

Índices para catálogo sistemático:
1. Contabilidade 657
2. Contabilidade 657

Freitas Bastos Editora
atendimento@freitasbastos.com
www.freitasbastos.com

Meus familiares e meus bichos.

Qualquer animal é igual a nós em essência divina,
Deus definiu seu tempo de existência e devemos respeitá-lo.
O veganismo deve ser buscado como base de nossa alimentação
e estilo de vida.
Enquanto não respeitarmos nossos irmãos animais será
impossível avançarmos espiritualmente.

Hare Krishna Hare Krishna
Krishna Krishna Hare Hare
Hare Rama Hare Rama
Rama Rama Hare Hare

SOBRE O AUTOR

- Ampla experiência em Tecnologia da Informação tendo atuado em diversas empresas de porte e segmentos variados em diversos cargos e funções.
- Mestre em Administração de empresas dedicado a pesquisa em redes organizacionais.
- Bacharel em Ciências Contábeis.
- Especialista em Engenharia de Sistemas.
- Especialista em Contabilidade Pública.
- Especialista em Custeio Baseado em Atividades (ABC).
- Docente e conteudista em diversas instituições de ensino nas disciplinas das Contabilidades e Administração de Empresas.
- Atualmente docente no IFSP – Instituto Federal de São Paulo – campus de São José dos Campos.
- Autor do livro Contabilidade Básica – Atualizada pelas leis nº 11.638/2007 e nº 11.941/2009 e regras emitidas pelo Comitê de Pronunciamentos Contábeis, editora Freitas Bastos, 2022.
- Psicanalista Integrativo.

- linkedin.com/in/marcos-travassos-69a21b1a
- lattes.cnpq.br/5915468600866545
- travassosacademico@gmail.com

CARTA DO AUTOR

Prezados leitores,

A elaboração dessa obra me levou a enfrentar um dilema. Explico. Sou bacharel em Ciências Contábeis, professor dessa ciência em suas diversas áreas de abordagem e tenho profundo respeito pela contabilidade e pelos contadores. Sigo a orientação filosófica Vaishnava[1], que no Brasil se popularizou como Hare-Krishna – sou lacto-vegetariano, e busco levar um estilo de vida e alimentação cada vez mais próxima do veganismo, que é o meu alvo. Considero todos os seres vivos como sendo nossos irmãos espirituais e, portanto, merecedores de todo meu respeito e cuidado.

Sendo assim, como escrever sobre pecuária, em que os animais têm uma importância meramente financeira sendo tratados como moeda de troca, de exploração, de especulação, com uma perspectiva de vida predefinida, ou apenas enquanto tiverem algum valor econômico. Após muitas meditações e consultas, conclui ser possível descolar meus sentimentos pessoais e afetivos da minha orientação profissional que é a de ser professor, de ensinar e aplicar aquilo que aprendi em Contabilidade.

---

[1] Vaishnavismo é uma das principais tradições da cultura espiritual védica, ou hindu. Eles reconhecem que todos os seres vivos são pessoas eternas e possuem uma centelha do Divino. Os bovinos em especial são considerados sagrados.

Por outro lado, admiro o pequeno produtor, que pratica uma cultura familiar ou de subsistência. Sabemos que em alguns rincões do Brasil, a criação de um pequeníssimo rebanho ou mesmo de apenas um animal é a única fonte de alimentação proteica possível.

Sendo assim, peço que aceitem esse livro como uma orientação didática na gestão de propriedades rurais através da contabilidade gerencial.

Grato.

APRESENTAÇÃO

Muito se discute sobre se de fato a contabilidade gerencial existe; e existindo, do que ela efetivamente trata. Há divergências entre autores e cada qual tem argumentos interessantes para corroborar suas visões, mas não pretendemos entrar nessa discussão. Para contextualizar, vamos partir do princípio de que a contabilidade assim como outras ciências é dividida em ramos e especializações e nisso há concordância entre todos. Podemos, por exemplo, considerar a chamada contabilidade financeira, societária ou geral como sendo a base da contabilidade, àquela que é obrigatória pela legislação brasileira para vários tipos de organizações empresariais e que serve a escrituração e lançamento dos fatos contábeis em seus respectivos diários, dando origem às demonstrações contábeis possibilitando o registro e controle da movimentação do patrimônio da organização, de maneira legal e oficial. Citando outras especialidades temos, por exemplo, a contabilidade de custos, a tributária, a administrativa, para elencar apenas algumas. Podemos ainda, considerar as diversas áreas ou segmentos de negócios atendidos pela contabilidade, com suas especificidades e funcionalidades como, por exemplo, o segmento rural, ambiental, bancário, internacional, público, 3º Setor, pequenas e médias empresas, e assim por diante. Sendo assim, devido a carência de obras específicas na abordagem gerencial, resolvemos focar esse livro nas atividades rurais – agrícola e pecuária. Trata-se de um livro de consulta para produtores rurais de qualquer porte que podem elaborar seus próprios controles a partir dos nossos exemplos. Durante as pesquisas iniciais sobre o assunto, vimos a possibilidade de complementá-la com uma disciplina relacionada fortemente com a atividade rural (mas não só) e que pela importância mundial que vem adquirindo, poderá inclusive influenciar nos rumos futuros das atividades rurais e seus negócios não só no Brasil, mas no mundo todo. Estamos nos referindo ao meio ambiente.

Para uma melhor compreensão da atuação da contabilidade gerencial resolvemos elaborá-la partindo do registro das atividades realizadas na entidade formando uma base gerencial para fornecer índices[2] aos gestores, facilitando na **tomada de decisão**[3].

Podemos resumir as atividades operacionais, como sendo as que geram as receitas, através das vendas, de mercadorias, de produtos e de serviços. Essa geração de receitas ocasiona gastos – custos ou despesas, que são apresentadas na Demonstração de Resultados do Exercício – DRE. Já as atividades de investimentos são baseadas no financiamento do capital de giro e/ou nas participações em outras empresas e/ou nas imobilizações (aquisição de bens aplicados na produção, comercialização de mercadorias ou prestação de serviços) e que são apresentadas no Balanço Patrimonial – BP. Por sua vez, as atividades de financiamento têm a finalidade de suprir com recursos as atividades operacionais e de investimentos através da captação de empréstimos e financiamentos tendo como contrapartida a remuneração desses financiadores. Essas transações também são evidenciadas no Balanço Patrimonial – BP.

É importante lembrar que sob o título de contabilidade gerencial, em geral, podemos navegar por diversas áreas de acordo com a perspectiva ou objetivo daquele que produz o estudo, podendo esse focar em custos ou em finanças, priorizar dados históricos – resultados alcançados ou focar no planejamento, por exemplo. Enfim, a contabilidade gerencial permite um vasto modelo de exploração.

---

[2]   Nota do Autor: Índices, indicadores ou quocientes são sinônimos nesse contexto, portanto, utilizaremos o termo "índices" no decorrer do livro.

[3]   Nesse livro, o termo **tomada de decisão** sempre aparecerá em negrito, para frisar sem sombra de dúvida a finalidade final da contabilidade, principalmente a gerencial.

Assim, esse livro é focado na exploração das informações e análise das demonstrações contábeis e na criação e interpretação de índices ou quocientes ou indicadores patrimoniais, econômicos e financeiros. Utilizamos para isso, basicamente os dois principais demonstrativos da contabilidade – Balanço Patrimonial – BP e na Demonstração dos Resultados do exercício – DRE.

Como nosso foco são as atividades rurais, é importante salientar algumas características:

No Brasil por imposição do regulamento do imposto de renda, o exercício social deve coincidir com o ano civil, compreendendo o período entre 1 de janeiro e 31 de dezembro. Para a grande maioria das entidades não agropecuárias, isso não traz nenhum problema, mas na atividade rural, em função de seu ciclo operacional diferenciado, isso pode ocasionar algumas dificuldades na contabilidade gerencial.

Na atividade rural, no geral, o exercício contábil pode diferir das demais entidades industriais ou comerciais em que normalmente, mas não necessariamente, o exercício contábil coincide com o ano calendário ou civil, e correspondente ao ano agrícola, que por sua vez abrange o tempo necessário para a preparação da terra, plantação, colheita e a venda da safra ou na pecuária na formação do rebanho até atingirem sua maturidade. Logo, trata-se de uma atividade essencialmente sazonal, que varia de acordo com o produto agrícola que está sendo produzido. Fica claro que para se ter uma gestão adequada, o gestor poderá manter uma contabilidade oficial obedecendo ao ano civil para atender o imposto de renda e outra contabilidade gerencial adequada ao ciclo operacional de sua produção, obedecendo ao ano agrícola. Mantivemos nos exemplos, para facilitar o entendimento, o exercício contábil coincidente com o ano civil, mas nada impede que o gestor mantenha uma base com valores adequados ao seu ano agrícola.

A seguir, detalhamos a contabilidade rural – separando as atividades agrícolas das pecuárias (de corte e leiteira), conceituação e finalidade, principalmente na caracterização de suas contas contábeis, e suas diferenças da contabilidade financeira. A partir disso, nos aprofundamos na análise através de índices, sua formação e do processo de padronização das demonstrações contábeis, através da simplificação, ajustes e reclassificação de contas. Na sequência exploramos as análises horizontal e vertical do BP e DRE, e a elaboração e análise dos diversos índices, tais como: endividamento, liquidez, rentabilidade, rotatividade, capital de giro e outros índices importantes como EVA, EBITDA, por exemplo. Também salientamos que outros índices podem ser criados pelo gestor para atender uma demanda pontual de sua entidade.

É interessante notar, que podem existir portes, formas jurídicas e características variadas na composição dos negócios rurais, e muitas vezes trabalhando em parceria entre eles. Vale salientar que com relação à forma jurídica, não foi nossa preocupação fazer distinção entre pessoa física e pessoa jurídica, já que no Brasil possuímos todos os tipos de formas na exploração da atividade rural, reiterando que grande parte desses negócios, mesmo alguns de grande porte ocorrem na forma de pessoa física, ou seja, no CPF do proprietário ou gestor.

Com relação à contabilidade ambiental, por suas características, é apresentada separadamente, mas que da mesma forma, propõe um plano de contas que complementa o plano de contas usual da entidade e apresenta índices que podem colaborar para a gestão do desempenho da propriedade do ponto de vista ambiental.

Aproveitando para alguns esclarecimentos.

Na elaboração desse livro, cuja grande maioria dos temas e assuntos são regulamentados por leis e normas, e que por isso podemos considerar quase como "organismos vivos", pois sofrem constantes mudanças e atualizações, sempre indico que em caso de necessidade, tais leis e normas sejam sempre consultadas através dos sítios de seus órgãos reguladores. Isso faz com que não se corra o risco de aprender algo que já foi alterado ou mesmo revogado.

No caso dos pronunciamentos emitidos pelo Comitê de Pronunciamentos Contábeis o sítio indicado é o do CPC http://www.cpc. org.br/CPC/Documentos-Emitidos/Pronunciamentos que possibilita acesso não só aos pronunciamentos, mas também suas interpretações, revisões e aprovações dos reguladores. Portanto, em qualquer citação de pronunciamentos CPC considere o link acima para maiores detalhamentos.

Da mesma forma, leis e resoluções federais podem ser consultadas online no sítio da Câmara dos Deputados – Centro de documentação e Informação – CEDI através de https://www2.camara.leg.br/a-camara/visiteacamara/cultura-na-camara/copy_of_museu/um-acervo-institucional-da-historia-legislativa-do-brasil ou através do Portal do Governo Brasileiro através do link http://www4.planalto.gov.br/legislacao/.

Dessa maneira, busquei simplificar o uso de citações a normas e as leis no decorrer do livro, bem como nas Referências Bibliográficas, onde indico em sua grande maioria, obras de autores consagrados que foram pesquisados na elaboração desse livro.

SUMÁRIO

Sobre o autor 5
Carta do autor 7
Apresentação...9

1 Fundamentos básicos da Contabilidade Gerencial........23
  1.1 Conceito da Contabilidade Gerencial...............................23
  1.2 Diferença entre as contabilidades financeira e
    gerencial 25
2 Conceito de Atividade Rural 28
  2.1 Formas Jurídicas.. 35
  2.2 Formas de associação 36
    2.2.1 Proprietário investidor 36
    2.2.2 Cooperativa Rural.. 37
    2.2.3 Parceria.. 37
    2.2.4 Arrendamento 38
    2.2.5 Diferenças entre Parceria e Arrendamento agrícolas 40
    2.2.6 Comodato 41
    2.2.7 Condomínio.. 41

3 Ativos Biológicos e produtos agrícolas CPC 29 42
  3.1 Conceitos gerais sobre os ativos biológicos.....................42
  3.2 Reconhecimento e mensuração dos ativos
    biológicos 47
  3.3 Ganhos e perdas em ativos biológicos 48
  3.4 Exercícios Resolvidos...50

4 Definição e Mensuração do Valor Justo CPC 46.............52

5 Conceitos gerais sobre depreciação, amortização, exaustão 60
5.1 Depreciação...61
  5.1.1 Valor Depreciável.. 62
  5.1.2 Critérios de cálculo da depreciação 62
  5.1.3 Método de cálculo – quotas ou linear 62
  5.1.4 Cálculo da taxa de depreciação............................ 63
  5.1.5 Tipos de bens NÃO depreciáveis segundo a Receita Federal 63
  5.1.6 Início e fim da depreciação 63
    5.1.6.1 Exemplo 1 – Depreciação sem valor residual.......... 64
    5.1.6.2 Exemplo 2 – Depreciação com valor residual 66
    5.1.6.3 Exemplo 3 – Depreciação 66
    5.1.6.4 Exemplo 4 67
5.2 Amortização...69
  5.2.1 Diretos amortizáveis 70
  5.2.2 Itens não amortizáveis... 70
    5.2.2.1 Exemplo 1 70
5.3 Exaustão..72
    5.3.1.1 Exemplo – exaustão com base na quantidade extraída... 72

6 Gastos na atividade rural 75
6.1 Gastos – Despesas x custos x investimentos x perdas.76
  6.1.1 Gastos... 77
  6.1.2 Custos 78
  6.1.3 Despesas 80
  6.1.4 Investimentos 80
  6.1.5 Perdas 81
    6.1.5.1 Exemplo 1 – Perdas... 82
6.2 Gastos fixos x Gastos Variáveis..................................83
  6.2.1 Custos fixos e variáveis.. 85
  6.2.2 Despesas fixas e variáveis..................................... 85
6.3 Custos Diretos x Custos Indiretos 85

6.3.1 Custos Diretos 85

6.3.2 Custos Indiretos 86

6.4 Métodos de Custeio 86

6.4.1 Custeio por absorção 86

6.4.2 Custeio Variável 86

6.5 Métodos de inventário 87

6.5.1 Inventário Periódico 87

6.5.2 Inventário permanente 87

6.6 Método de custos x Método a valor de mercado (Valor Justo) 88

6.6.1 Método de custo 88

6.6.2 Método do valor justo 88

7 Atividade Agrícola 90

7.1 Exercício social 91

7.1.1 Proposta de Plano de Contas Agrícola 93

7.2 Conceito de cultura temporária e permanente 96

7.2.1 Cultura temporária (perene ou anual) 96

7.2.1.1 Exemplo 1 – Cultura temporária considerando o método de custo 97

7.2.1.2 Exemplo 2 – Cultura temporária considerando o método do valor justo 98

7.2.2 Cultura permanente (semiperene) 102

7.2.2.1 Exemplo 3 – Cultura permanente considerando o método de custo 104

7.2.2.2 Exemplo 4 – Cultura permanente considerando o método do valor justo 106

7.3 Gastos com armazenagem 110

7.4 Depreciação na atividade agrícola 111

7.4.1.1 Exemplo 1 – Depreciação linear com vida útil estimada em anos e com valor residual 113

7.4.1.2 Exemplo 2 – Depreciação com vida útil estimada em horas de trabalho por safra e com valor residual 114

7.4.2 Exercícios Resolvidos – Depreciação 114

7.5 Exaustão na atividade agrícola 115
  7.5.1 Determinação da quota de exaustão de recursos
    florestais 116

8 Atividade Pecuária 117
8.1 Modalidades de produção da pecuária:
  extensiva ou intensiva 118
  8.1.1 Sistema extensivo 118
  8.1.2 Sistema semi-intensivo 119
  8.1.3 Sistema intensivo 120
8.2 Tipos de pastos 121
  8.2.1 Pasto Natural 121
  8.2.2 Pasto Nativo 122
  8.2.3 Pasto artificial 122
8.3 Tipo de Pastoreio 122
  8.3.1 Pastoreio contínuo 122
  8.3.2 Pastoreio alternado 123
  8.3.3 Pastoreio rotativo 123
8.4 Raças de gados bovinas mais comuns 123
8.5 Índices para monitorar o tamanho de rebanho
  leiteiro 124
8.6 Classificação do gado no balanço patrimonial 125
  8.6.1 Classificação do rebanho conforme Instrução
    Normativa nº 57 de 1976 130
8.7 Contabilização do rebanho de corte 132
  8.7.1 Proposta de Plano de Contas – Pecuária de Corte 134
  8.7.2 Exemplo 1 – Transferência de novilha(o) para
    reprodução 136
  8.7.3 Exemplo 2 – Rebanho de corte pelo método de custo .. 136
  8.7.4 Exemplo 3 – Rebanho de corte pelo método do
    valor justo 141
8.8 Contabilização do rebanho leiteiro 147
  8.8.1 Proposta de Plano de Contas – Pecuária leiteira 149
8.9 Depreciação na atividade pecuária 150
  8.9.1.1 Exemplo 1 – Depreciação de touro reprodutor 154

8.10 Exaustão na atividade pecuária 155
8.11 Exercício Resolvido 156

9 A Análise de balanços gerando índices 157
9.1 Demonstrações Contábeis 157
9.2 Detalhamento do BP 160
9.3 Ativo 161
    9.3.1 Ativo Circulante (AC) 162
    9.3.2 Ativo Não Circulante (ANC) 163
    9.3.3 Realizável a Longo Prazo 163
    9.3.4 Investimentos 163
    9.3.5 Imobilizado 164
    9.3.6 Intangível 164
    9.3.7 Identificação de um ativo intangível 165
9.4 Passivo 166
    9.4.1 Passivo Circulante 166
    9.4.2 Passivo não circulante 167
9.5 Patrimônio Líquido (PL) 167
    9.5.1 Componentes do PL 167
        9.5.1.1 Reservas de Capital 168
        9.5.1.2 Ajustes de Avaliação Patrimonial 168
        9. 5.1.3 Reservas de Lucros 168
        9. 5.1.4 Ações em tesouraria 168
        9.5.1.5 Prejuízos Acumulados 169
9.6 Conceituação do Capital 169
    9.6.1 Capital Nominal ou Capital Social 169
    9.6.2 Capital Próprio 169
    9.6.3 Capital de Terceiros 169
    9.6.4 Capital Total 169
9.7 Circulante e Não circulante 170
9.8 Modelo Simplificado do Balanço Patrimonial (BP) ...170
    9.8.1 Exemplo – Tipos de Capital 175
9.9 Detalhamento da DRE 176
9.10 Modelo Simplificado da DRE 182
9.11 Exercícios Resolvidos – DRE 184

10 Análise através de índices 186

11 Processo de padronização das demonstrações
contábeis 189
11.1 Exemplo de padronização do BP 190
11.2 Exemplo de padronização da DRE 192

12 Análise Horizontal (AH) e Análise Vertical (AV) 195
12.1 Análise Horizontal (AH) 196
12.2 Análise Vertical (AV) 198

13 Análise de Endividamento (estrutura de capitais) 201
13.1 Participação do capital de terceiros (PCT) 201
13.2 Composição do endividamento (CE) 202
13.3 Imobilização do PL (IPL) 203
13.4 Imobilização dos recursos não correntes (IRNC) 205
13.5 Endividamento geral (EG) 206

14 Análise de Liquidez 207
14.1 Liquidez corrente (LC) 207
14.2 Liquidez seca (LS) 209
14.3 Liquidez imediata (LI) 210
14.4 Liquidez geral (LG) 211

15 Análise de Rentabilidade 213
15.1 Giro do ativo (GA) 214
15.2 Margem bruta (MB) 215
15.3 Margem operacional I (MO I) 216
15.4 Margem operacional II (MO II) 217
15.5 Margem líquida (ML) 218
15.6 MB x MO I x MO II x ML 219
15.7 Retorno sobre o ativo (ROA – *Return on Assets*) 220
15.8 Retorno sobre o PL (ROE – *return on equity*) 221
15.9 Retorno sobre um investimento específico (ROI –
Return on Investment) 223

15.10 Grau de alavancagem financeira (GAF) 224
15.11 Análise da rentabilidade pelo método Dupont 226

16 Análise de rotatividade 234
16.1 Prazo médio dos estoques de matéria-prima –
PME (MP) 238
16.2 Prazo médio dos estoques em processo de
fabricação – PME (PF) ou culturas em formação 239
16.3 Prazo médios dos estoques de acabados –
PME (PA) 240
16.4 Prazo médio do recebimento das vendas
(clientes) – PMV 241
16.5 Prazo médio do pagamento das compras
(fornecedores) – PMC 242
16.6 Ciclo operacional (CO) 243
16.7 Ciclo financeiro (CF) 244

17 Análise do capital de giro 246
17.1 Capital circulante líquido (CCL) 246
17.2 Necessidade de capital de giro (NCG) 247
17.3 Saldo em tesouraria (ST) 248
17.4 CCL x NCG x ST 249

18 Outros índices 251
18.1 EVA (*Economic Value Added*) 251
18.2 EBITDA 252
18.3 Margem de contribuição (MC) 254
18.3.1 Exemplo – Margem de contribuição 254
18.4 Ponto de equilíbrio (PE) 255
18.4.1 Exemplo – Pontos de equilíbrio 258
18.5 Grau de alavancagem operacional (GAO) 259

19 Análise conjunta de índices 261
19.1 Endividamento 261
19.2 Liquidez 262

19.3 Rentabilidade..263
19.4 Rotatividade..264

20 Contabilidade Ambiental 266
20.1 Princípios ambientais previstos na legislação
   brasileira 267
   20.1.1 Princípio do desenvolvimento sustentável 269
20.2 Gestão Ambiental..269
   20.2.1 Benefícios da gestão ambiental................................. 269
20.3 Demonstrações Contábeis...270
   20.3.1 Proposta de Plano de Contas Ambiental 271
20.4 Modelo gráfico de gestão ambiental.......................... 275
20.5 Contabilidade Gerencial Ambiental 276
   20.5.1 Atividade de prevenção 276
   20.5.2 Atividade de recuperação 279
   20.5.3 Atividade de reciclagem 283
   20.5.4 Avaliação do resultado da gestão ambiental.............. 286
20.6 Alguns Índices ambientais com base na
   contabilidade 287
20.7 Exercícios Resolvidos 289

APÊNDICE I – Demonstrativos e informações utilizados
nos exemplos 294

APÊNDICE II – Informações gerenciais (modelos).............298

GLOSSÁRIO 307

Referências Bibliográficas 313

1 FUNDAMENTOS BÁSICOS DA CONTABILIDADE GERENCIAL

1.1 Conceito da Contabilidade Gerencial

Para efeito didático, sem nos aprofundarmos nos conceitos mais filosóficos sobre o assunto, procurando ser o mais pragmático possível, podemos considerar como contabilidade gerencial, a intersecção das informações geradas nas diversas especialidades contábil-financeiras, agregadas a outras informações financeiras ou não advindas de outros setores da organização, como RH, produção, vendas, informações operacionais diversas etc., ou mesmo de fora da organização, como índices macroeconômicos, por exemplo.

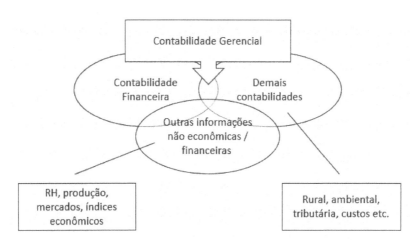

Para contextualizar, podemos entender facilmente que uma empresa[4] tem sua formação e existência baseada na possibilidade de gerar lucros e remunerar seus proprietários, sócios e/ou acionistas. Esse lucro é obtido e maximizado principalmente no uso eficiente dos recursos disponibilizados para seu uso da empresa, e são limitados.

A empresa, busca a lucratividade através do relacionamento comercial com seus fornecedores (compras) e seus clientes (vendas). Essa lucratividade para ser cada vez mais satisfatória, exige da empresa uma constante governança sempre procurando a redução de gastos e melhoria dos processos (processo de compras, produção e vendas) mantendo ou aumentando a satisfação do cliente, o que se traduz em qualidade.

Assim, é necessário aos gestores saberem se os recursos estão sendo aplicados da melhor maneira possível, e para tanto, é preciso dispor de avaliação constante, possibilitando correções ou mesmo mudanças de rumo.

Nesse sentido, a contabilidade gerencial tem por objetivo e função principal, fornecer informações e índices, seja através de dados históricos (do passado), seja através de projeções (do futuro), para auxiliar os gestores da organização, tanto a nível operacional, quanto tácito e estratégico, na **tomada de decisão** embasadas em medidas de desempenho (índices).

Sendo a contabilidade gerencial desobrigada a ser totalmente aderente a normas, leis e regras contábeis, permite ser adaptada de acordo com as necessidades para atender os gestores da empresa, suprindo-os com informações não só de natureza patrimonial, financeira, econômica, física e de produtividade como também outras informações de natureza operacional.

Nota-se que para atender essas metas ou objetivos, a entidade tem que dispor de um sistema de informações que se espera ser robusto e eficiente. Fique claro que essa robustez e eficiência deve-se muito mais a disciplina do gestor em registrar tudo (tudo mesmo)

---

[4] Empresa é a designação dada à entidade que visa *lucro*. Nesse livro utilizaremos como sinônimos, tanto o termo empresa, entidade, organização, fazenda ou propriedade, indistintamente, mesmo que seja uma entidade com personalidade de pessoa física (não possuir CNPJ).

o que acontece na sua propriedade seja por qual método for, do que propriamente na aquisição e implantação de modelos caros e complexos de aplicativos computacionais. Às vezes o uso de fichamento[5] (seja manual ou eletrônico) resolve o problema. A escolha de como fazer e qual ferramenta utilizar, dependerá da necessidade e capacidade financeira de cada gestor utilizando a ferramenta que melhor lhe atender.

Da exploração e análise desses registros, surge a contabilidade gerencial. Através dela, os gestores são informados dos pontos em que devem atuar, dar maior atenção ou providenciar reajustes através de medidas de desempenho. Essas medidas de desempenho são principalmente os índices criados e desenvolvidos a partir da análise dos balanços, dos gastos (custos e despesas), agregadas a informações operacionais, informações macroeconômicas etc., e adequadas para mensurar cada tipo de atividade ou meta desejada pela empresa.

1.2 Diferença entre as contabilidades financeira e gerencial

Apresentam-se a seguir, algumas diferenças entre as contabilidades financeira e a gerencial:

	Contabilidade Financeira	Contabilidade Gerencial
Principais usuários	Preferencialmente Externos *Stakeholders,* investidores, credores, governo, enfim qualquer pessoa física ou jurídica interessada.	Preferencialmente Internos *Shareholders*, gestores, executivos, acionistas, proprietários, funcionários em geral, *prospects*.

---

[5]   Vide APÊNDICE II na página 298.

	Contabilidade Financeira	Contabilidade Gerencial
Informação gerada	Basicamente monetária de natureza econômica, financeira e patrimonial.	Índices e simulações (projeções).
Natureza da informação	Precisa, objetiva, auditável, confiável, consistente.	Menos precisa, mais subjetiva e sujeita a juízo de valor, válida, relevante e acurada.
Finalidade	Registro da movimentação do patrimônio da entidade, mediante a escrituração e emissão dos demonstrativos financeiros.	**Tomada de decisão**
Frequência	Obrigatória e oficial.	Facultativa e não oficial.
Restrições	Regulamentada e seguindo estritamente as leis, regras e normas.	Não aderente às leis, regras e normas, adequando-se às necessidades que devem ser atendidas. A quem diga que "sua única restrição é não ter restrição".
Agregação / Escopo	Muito agregada referindo-se a toda a organização. Informação Sintética.	Não agregada, pouco agrupada, fornece informações até o nível individual ou departamental.
Confidencialidade	Nenhuma	Parcial ou total (estratégica)
Data	Histórica, mostra o passado	Histórica, trabalha o passado e projeta o futuro

	Contabilidade Financeira	Contabilidade Gerencial
Conceitos Pessoais	Não considera a princípio, porém, vide a observação na sequência.	Aceita opiniões e projeções de caráter pessoal, somados a possíveis simulações futuras.

Fonte: AUTOR adaptado de MARION e RIBEIRO, 2015

Quando estudamos a contabilidade de forma genérica, sem nos preocuparmos com o tipo, segmento, ramo ou porte da empresa, a denominamos de contabilidade financeira[6]. Da mesma forma, a contabilidade gerencial por se basear das informações geradas pela contabilidade financeira vai seguir as características dessa última. Quando partimos para uma especificidade maior, como é o caso do objetivo desse livro que é tratar da contabilidade gerencial no âmbito da contabilidade rural e ambiental temos que detalhar as características próprias das possíveis subdivisões que ocorrem nesse ramo da contabilidade e que serão detalhadas adiante.

---

[6] Alguns adotam o termo contabilidade geral.

2 CONCEITO DE ATIVIDADE RURAL

Atividades rurais são atividades que exploram a capacidade produtiva do solo através do cultivo de culturas agrícolas, culturas florestais e da criação de animais, seja para subsistência, seja para obtenção de lucro. Essas atividades possuem certas particularidades, pois são altamente influenciadas por variáveis externas específicas, como o clima, por exemplo. São atividades que combinam diferentes recursos, tais como a terra e outros recursos naturais, insumos, equipamentos, instalações, recursos financeiros e mão de obra, com um conjunto de atividades distintas como preparo do solo, plantio, fertilização, controle de pragas, colheita e comercialização e ainda na existência de variáveis como a qualidade do solo, as épocas de liberação de financiamentos, as flutuações de preços no mercado, entre outros. (MIGUEL; SCHREINER, 2022).

Isso influencia fortemente o planejamento e o grau de tolerância e contingenciamento adequados a essa imprevisibilidade. Planejamentos malfeitos não atingem a meta almejada e podem rumar ao desastre.

Em relação ao trabalho, nas atividades rurais temos algumas outras características (adaptado de CREPALDI, 1998):

- Desenvolve-se em céu aberto;
- Pode envolver grandes extensões de terras com distanciamento entre os trabalhadores;
- Não é contínuo no tempo, podendo variar de acordo com a estação (clima) e safra;
- Pode ser manual ou mecanizado ou misto;

- Pode apresentar dificuldades quanto a controles mecânicos e automáticos do rendimento de cada tarefa desempenhada.

Podemos complementar adicionando algumas características que também influenciam na gestão das propriedades e atividades (adaptado de DUCATI, 2012):

- Sendo a terra o fator principal de produção e não apenas um participante, se torna imprescindível conhecer e analisar suas características.
- O tempo de produção é maior do que o tempo do trabalho em função do processo de formação da cultura que em determinados períodos independe de intervenção humana. Além disso, há a dispersão do trabalho já que os processos de produção muitas vezes independem um do outro, possuindo suas próprias necessidades e períodos de atenção.
- Irreversibilidade do ciclo de produção, talvez o grande fator de risco da atividade, pois uma vez iniciado o processo não é possível se reverter salvo graves prejuízos. A **tomada de decisão** do que fazer e quando fazer é fundamental e exige experiência além de base científica.
- Ciclo de produção completamente dependente das condições biológicas e climáticas. Outro fator de sério risco tanto para quem produz como para quem trabalha.
- A contratação de mão de obra costuma ser temporária e muitas vezes não obedece ao mínimo das condições humanas necessárias[7].
- Perecibilidade dos produtos, o que obriga a um exercício de logística adequado para dirimir perdas.
- Não uniformidade da produção que faz com que seja difícil manter tamanho, volume, aspecto e forma do produto. Infelizmente a qualidade foi vinculada ao aspecto, o que não é verdade do ponto de vista nutricional. A manutenção de uniformidade exige gastos para sua manutenção.

---

[7] Durante a elaboração desse livro (início de 2023), vimos a atuação da polícia e ministério público intervindo em fazendas ligadas a vinícolas no sul do país com trabalhadores em condições análogas à escravidão. E isso não é fato isolado.

- Por último, os altos custos de entrada e saída da atividade agrícola, já que algumas atividades exigem altos investimentos de entrada como, por exemplo, em pastos ou área agrícolas, na formação da cultura ou rebanho, em maquinários. Por outro lado, os riscos, além de todos os citados, também o risco de mercado, como, por exemplo, oscilações de preços. O produtor deve ter capacidade para assimilar tempos de prejuízos eventuais.

Acrescentamos ainda as seguintes características:

- Produtos agrícolas são <u>tomadores de preço</u>, ou seja, é o mercado e não o produtor que define o preço a ser pago. Nesse aspecto o produtor não tem praticamente nenhuma capacidade de definir seus preços de venda. Podemos dizer que o produtor é refém do mercado. Mais um motivo para que se procure ter absoluto controle na outra ponta, a dos gastos.
- Por outro lado, o mercado consumidor tem grande capacidade de adaptação para enfrentar momentos de dificuldades, crises econômicas etc. Afinal, ninguém vive sem se alimentar.
- A cadeia produtiva das atividades rurais é imensa, difícil até de mensurar e identificar claramente de imediato. Logo, possui uma capacidade de poder intrínseca, o que oferece maior solidez quando avaliada como mercado geral.

As propriedades rurais também possuem características distintas em relação ao seu tamanho e as atividades praticadas. Não vamos nesse livro nos ater a detalhes mais técnicos, mas apresentamos alguns deles para melhor contextualização sobre o assunto.

Em relação ao tamanho da propriedade / terra, podemos classificá-la em:

- **Minifúndio:** imóvel rural com área inferior à Fração Mínima de Parcelamento;
- **Pequena Propriedade:** imóvel com área entre a Fração Mínima de Parcelamento e 4 módulos fiscais;
- **Média Propriedade:** imóvel rural de área superior a 4 e até 15 módulos fiscais;
- **Grande Propriedade:** imóvel rural de área superior a 15 módulos fiscais.

A classificação é definida pela Lei 8.629, de 25 de fevereiro de 1993, alterada pela Lei nº 13.465 de 2017, e considera o **módulo fiscal**[8], que varia de acordo com cada município. O módulo fiscal é um dos **índices** básicos cadastrais utilizados pelo **INCRA** para fixar por município parâmetros de caracterização e classificação do imóvel rural de acordo com a sua dimensão e disposição regional. Os atuais índices foram definidos pelo **INCRA** por meio da Instrução Especial nº 5 de 2022.

No esquema didático de atividades rurais apresentado na sequência, adaptado de Marion (2021), podemos identificar três grupos e suas subclassificações e defini-lo como sendo o agronegócio propriamente dito:
- Atividade agrícola – relativa à produção vegetal
- Atividade zootécnica – relativa à produção animal
- Atividade agroindustrial – relativa a indústrias rurais.

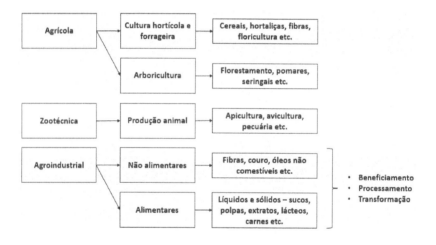

Na atividade agroindustrial temos 3 segmentos, que adaptados de Oliveira (2008) são:

---

[8] Para verificar o módulo fiscal de sua região e os demais índices básicos, acesse https://www.gov.br/incra/pt-br/assuntos/governanca-fundiaria/modulo-fiscal

- **Beneficiamento** – tratamento dados aos produtos sem alterar suas características *in natura*, por exemplo: arroz, batata, frutas.
- **Processamento** – são tratamentos dados aos produtos melhorando sua qualidade e facilitando seu uso e durabilidade, por exemplo: pasteurização, pré-cozimento, produtos cortados e/ou descascados, pré-lavados.
- **Transformação** – obtenção de novos produtos com base em produtos in natura, por exemplo, queijos, bebidas destiladas, carnes processadas como embutidos, calçados em couro etc.

Considerando as diversas classificações das atividades, seria possível classificar também as contabilidades em cada uma dessas especificidades, tais como, contabilidade rural, agrícola, zootécnica, pecuária, agropecuária e agroindustrial. Entretanto, nesse livro, vamos elencá-las indistintamente, através de suas características gerais e agrupá-las sob o título de contabilidade rural e em caso de características individuais importantes serão devidamente especificadas.

Como atividade rural, podemos conceituá-la através do Decreto nº 9.580/2018 que regulamenta a tributação, a fiscalização, a arrecadação e a administração do imposto sobre a renda e proventos de qualquer natureza, em seu Art. 51:

> "[...]
> Art. 51. Para fins do disposto neste Regulamento, considera-se atividade rural (Lei nº 8.023, de 12 de abril de 1990, art. 2º ; e Lei nº 9.430, de 1996, art. 59):
> I - a agricultura;
> II - a pecuária;
> III - a extração e a exploração vegetal e animal;
> IV - a exploração:
> a) da apicultura;
> b) da avicultura;
> c) da cunicultura;
> d) da suinocultura;
> e) da sericicultura;

f) da piscicultura; e

g) de outras culturas animais;

V - a transformação de produtos decorrentes da atividade rural, desde que não sejam alteradas a composição e as características do produto in natura, feita pelo próprio agricultor ou pelo criador, com equipamentos e utensílios usualmente empregados nas atividades rurais, com uso exclusivo de matéria-prima produzida na área rural explorada, tais como a pasteurização e o acondicionamento do leite e o acondicionamento do mel e do suco de laranja em embalagem de apresentação; e

VI - o cultivo de florestas que se destinem ao corte para comercialização, consumo ou industrialização.

§ 1º O disposto neste artigo não se aplica à mera intermediação de animais e de produtos agrícolas (Lei nº 8.023, de 1990, art. 2º, parágrafo único).

§ 2º As atividades a que se refere o inciso III do caput abrangem a captura de pescado in natura, desde que a exploração se faça com apetrechos semelhantes aos da pesca artesanal, tais como arrastões de praia e rede de cerca, inclusive a exploração em regime de parceria.

Já a Instrução Normativa da Secretaria da Receita Federal nº 83/2001 que dispõe sobre a tributação dos resultados da atividade rural das pessoas físicas, nos dá uma complementação da definição de atividade rural através de ser art. 2º:

"[...]

Art. 2º Considera-se atividade rural:

I - a agricultura;

II - a pecuária;

III - a extração e a exploração vegetal e animal;

IV - a exploração de atividades zootécnicas, tais como apicultura, avicultura, cunicultura, suinocultura, sericicultura, piscicultura e outras culturas de pequenos animais;

V - a atividade de captura de pescado in natura, desde que a exploração se faça com apetrechos semelhantes aos da pesca artesanal (arrastões de praia, rede de cerca etc.), inclusive a exploração em regime de parceria;

VI - a transformação de produtos decorrentes da atividade rural, sem que sejam alteradas as características do produto in natura, feita pelo próprio agricultor ou criador, com equipamentos e utensílios usualmente empregados nas atividades rurais, utilizando exclusivamente matéria-prima produzida na área rural explorada, tais como:

a) beneficiamento de produtos agrícolas:

1. descasque de arroz e de outros produtos semelhantes;

2. debulha de milho;

3. conservas de frutas;

b) transformação de produtos agrícolas:

1. moagem de trigo e de milho;

2. moagem de cana-de-açúcar para produção de açúcar mascavo, melado, rapadura;

3. grãos em farinha ou farelo;

c) transformação de produtos zootécnicos:

1. produção de mel acondicionado em embalagem de apresentação;

2. laticínio (pasteurização e acondicionamento de leite; transformação de leite em queijo, manteiga e requeijão);

3. produção de sucos de frutas acondicionados em embalagem de apresentação;

4. produção de adubos orgânicos;

d) transformação de produtos florestais:

1. produção de carvão vegetal;

2. produção de lenha com árvores da propriedade rural;

3. venda de pinheiros e madeira de árvores plantadas na propriedade rural;

e) produção de embriões de rebanho em geral, alevinos e girinos, em propriedade rural, independentemente de sua destinação (reprodução ou comercialização).

[...]"

2.1 Formas Jurídicas

Em relação ao novo Código Civil, aprovado pela Lei nº 10.406/2002, todo aquele que exerce profissionalmente uma atividade econômica organizada para a produção e circulação de bens e serviços é definido como empresário. No caso de ser uma atividade rural, temos então o empresário rural.

A exploração da atividade rural no Brasil ocorre tanto através da pessoa física quanto através da pessoa jurídica. O uso da pessoa física é mais comum e adequado para pequenas atividades, normalmente em uma organização familiar, em que sequer se faz o registro na junta comercial. Temos nesse caso a figura do empresário rural autônomo, o que é menos oneroso e mais simplificado em termos contábeis e fiscais, entretanto, essa informalidade pode acabar estimulando uma maneira de se administrar menos profissional, costumando focar-se mais na produção do que no controle. Mas informalidade não impede que se deva ao menos tentar implantar um registro contábil, mesmo que simplificado e elaborar relatórios semelhantes aos demonstrativos contábeis para utilização na gestão do negócio, através da elaboração, cálculo e análise de índices de desempenho. Mais uma vez incentivo o uso de fichamento ou planilhas por aqueles que não podem fazer altos investimentos.

Já a organização através de pessoa jurídica caracteriza normalmente organizações maiores, focadas especificamente na obtenção de lucro, portanto, são consideradas empresas estando sujeitas legalmente a escrituração contábil e elaboração das demonstrações contábeis. Perante o Código Civil, quando celebrada por pessoas físicas através de contrato, temos caracterizada a sociedade empresária rural.

Resumidamente, o empresário rural conforme o Código Civil pode exercer suas atividades nas seguintes formas jurídicas (MARION, 2021):

- Autônomo, sem registro na junta comercial;
- Empresário individual quando inscrito na junta comercial;
- Sociedade empresária, inscrita na junta comercial (na forma, por exemplo, de sociedade limitada ou sociedade anônima, dentre outras).

2.2 Formas de associação

Conforme prevista na lei nº 4.504/1964[9] alterada pela lei nº 11.443/2007, temos:

> "Art. 92. A posse ou uso temporário da terra serão exercidos em virtude de contrato expresso ou tácito, estabelecido entre o proprietário e os que nela exercem atividade agrícola ou pecuária, sob forma de **arrendamento rural, de parceria agrícola, pecuária, agroindustrial e extrativa,** nos termos desta Lei." (grifo do autor)

Para explicarmos os tipos de associação na atividade rural, temos que diferenciar essas duas personalidades distintas citadas, que ocorrem com frequência nessa atividade: a figura do proprietário e a figura do que exerce a atividade a quem podemos nomear de investidor.

Primeiramente, o proprietário correspondente ao capital fundiário com a terra, as edificações rurais e suas benfeitorias, melhoramentos da terra, cultura permanente e pastos, ou seja, todos os recursos fixados e vinculados a terra e que dela não podem ser separados. (Marion, 2021).

Em seguida, o investidor correspondente ao capital de exercício com os bens permanentes de longo prazo necessários à produção, como equipamentos, gados para reprodução etc., ou circulantes ou de giro de curto prazo, como recursos financeiros etc., administrando o próprio negócio. (Marion, 2021).

A partir dessas duas personalidades podemos considerar as seguintes configurações de associação:

2.2.1 Proprietário investidor

Esse caso não se trata de uma associação, pois ocorre na junção das duas personalidades elencadas, ou seja, o capital fundiário e de exercício provém da mesma pessoa. Em outras palavras, o proprie-

---

[9]   Trata-se do Estatuto da Terra.

tário da terra é também é possuidor dos equipamentos e insumos e administra o próprio negócio.

2.2.2 Cooperativa Rural

É uma organização onde os participantes dividem a responsabilidade e do lucro das suas atividades. Objetiva a colaboração mútua para o desenvolvimento de todos, além de buscar melhores condições de compra junto a fornecedores e negociações de venda. A cooperativa serve como intermediária entre os produtores integrantes e está prevista na lei 5.764/1971.

2.2.3 Parceria

Conforme o Estatuto da Terra, temos:

> "[...]
> § 1º Parceria rural é o contrato agrário pelo qual uma pessoa se obriga a ceder à outra, por tempo determinado ou não, o uso específico de imóvel rural, de parte ou partes dele, incluindo, ou não, benfeitorias, outros bens e/ou facilidades, com o objetivo de nele ser exercida atividade de exploração agrícola, pecuária, agroindustrial, extrativa vegetal ou mista; e/ou lhe entrega animais para cria, recria, invernagem, engorda ou extração de matérias-primas de origem animal, mediante partilha, isolada ou cumulativamente, dos seguintes riscos:
> I - caso fortuito e de força maior do empreendimento rural;
> II - dos frutos, produtos ou lucros havidos nas proporções que estipularem, observados os limites percentuais estabelecidos no inciso VI do caput deste artigo;
> III - variações de preço dos frutos obtidos na exploração do empreendimento rural.
> § 2º As partes contratantes poderão estabelecer a prefixação, em quantidade ou volume, do montante da participação do proprietário, desde que, ao final do contrato, seja realizado

o ajustamento do percentual pertencente ao proprietário, de acordo com a produção.

§ 3º Eventual adiantamento do montante prefixado não descaracteriza o contrato de parceria".

Essa possibilidade de partilha isolada de riscos aliada a prefixação de volumes ou quantidades tornou mais realista os riscos efetivamente assumidos por cada um dos parceiros e com isso possibilitar uma partilha mais justa.

O Estatuto da Terra também fixa os percentuais de participação do proprietário entre 20% e 75%[10].

Tal associação costuma ser mais vantajosa do ponto de vista tributário que o arrendamento, principalmente em relação ao imposto de renda, entretanto, cada caso deve ser avaliado individualmente.

2.2.4 Arrendamento

Também é uma modalidade de contrato agrário previsto no Estatuto da Terra, onde se estabelece que uma parte é obrigada a ceder a outra para uso e gozo um meio agrícola para exploração sem sofrer intervenções e no prazo estabelecido em contrato. O prazo máximo pode ser determinado ou indeterminado, devendo ser obedecido, conforme Decreto 59.566/1966 e o Estatuto da Terra, mas, os prazos mínimos são determinados, podendo ser prorrogados, conforme a seguir:

"Art. 13. Nos contratos agrários, qualquer que seja a sua forma...

[...]

II - ....:

a) prazos mínimos, ...:

---

[10] Há tramitando na Câmara dos deputados desde 2020 uma proposta de projeto de lei 3.097/2020 que visa a alterar algumas regras dos contratos de parceria agrícola inclusive com relação aos percentuais de participação dos parceiros.

- de 3 (três), anos nos casos de arrendamento em que ocorra atividade de exploração de lavoura temporária e ou de pecuária de pequeno e médio porte; ou em todos os casos de parceria;
- de 5 (cinco), anos nos casos de arrendamento em que ocorra atividade de exploração de lavoura permanente e ou de pecuária de grande porte para cria, recria, engorda ou extração de matérias primas de origem animal;
- de 7 (sete), anos nos casos em que ocorra atividade de exploração florestal;
[...]
Art. 21. Presume-se contratado pelo prazo mínimo de 3 (três) anos, o arrendamento por tempo indeterminado
§ 1º Os prazos de arrendamento terminarão sempre depois de ultimada a colheita, inclusive a de plantas forrageiras cultiváveis, após a parição dos rebanhos ou depois da safra de animais de abate. Em caso de retardamento da colheita por motivo de força maior esses prazos ficarão automaticamente prorrogados até o final da colheita (art. 95, I, do Estatuto da Terra).
§ 2º Entende-se por safra de animais de abate, o período oficialmente determinado para a matança, ou o adotado pelos usos e costumes da região.
§ 3º O arrendamento que, no curso do contrato, pretender iniciar nova cultura cujos frutos não possam ser colhidos antes de terminado o prazo contratual, deverá ajustar, previamente, com o arrendador, a forma de pagamento do uso da terra por esse prazo excedente
[...]".

Conforme art. 93 do Estatuto da Terra é proibido exigir do arrendatário ou parceiro:
- Prestação de serviço gratuito;
- Exclusividade da venda da colheita;
- Obrigatoriedade de beneficiamento da produção em seu estabelecimento;

- Obrigatoriedade da aquisição de gêneros e utilidades em seus armazéns ou barracões;
- Aceitação de pagamentos em "ordens", "vales", "borós"[11] ou outras formas regionais substitutivas da moeda.

O arrendamento agrário deve ser contratado em preço fixo e em dinheiro, não sendo permitido usar parte de produtos e frutos como valor do arrendamento agrário. Entretanto, esses podem ser convertidos em dinheiro, conforme o preço de mercado nunca inferior ao preço mínimo oficial e nunca superior a 15% do valor cadastral do imóvel, incluída as benfeitorias que entrarem na composição do contrato, salvo se o arrendamento for parcial e recair apenas em glebas selecionadas para fins de exploração intensiva de alta rentabilidade, caso em que a remuneração poderá ir até o limite de 30%. (redação dada pela lei nº 11.443/2007).

2.2.5 Diferenças entre Parceria e Arrendamento agrícolas

Vimos que ambos são contratos agrários, reconhecidos em lei, para posse e uso temporário da terra estabelecidos entre o proprietário e o investidor. A diferença básica é que na parceria é possível partilhar os riscos do empreendimento na partilha dos resultados, conforme limites estabelecidos em lei. Já no arrendamento o proprietário irá transferir a utilização do imóvel para o arrendatário sem considerar os riscos envolvidos na formação da remuneração do arrendador.

Também a legislação do imposto de renda institui a tributação dos proventos de pessoas físicas e jurídicas provenientes de atividades rurais, sendo o cálculo e pagamento feitos separadamente na proporção dos rendimentos de cada um, considerando os arrendatários, proprietários e parceiros. Já o arrendador que recebe apenas um valor (como uma espécie de aluguel), irá prestar contas apenas por esse valor recebido e não é considerado produtor rural.

---

[11] Borós. Final dos anos 60 e décadas de 70, em Lagoa da Prata e região (MG), um poderoso fazendeiro, Luciano, fazia circular em seus domínios um papel-moeda chamado de «borós». Pelo corte do canavial, os lavradores recebiam 100 borós por semana.

2.2.6 Comodato

É um empréstimo gratuito onde uma parte cede por tempo determinado e condições preestabelecidas a outra parte o uso e gozo um meio agrícola sem nada receber em troca.

2.2.7 Condomínio

É um tipo de propriedade comum ou copropriedade, em que os proprietários compartilham dos riscos e resultados, da mesma forma que a parceria de acordo com sua proporção estabelecida no condomínio.

3 ATIVOS BIOLÓGICOS E PRODUTOS AGRÍCOLAS CPC 29

O CPC 29 (R2) define ativo biológico como animal e/ou planta, vivos. Elaborado com base na IAS 41 – *Agriculture*, emitida pelo *International Accounting Standards Committee* (IASC) e, posteriormente, adotada pelo *International Accounting Standards Board* (IASB) que sucedeu ao IASC. Sua adoção se tornou obrigatória no Brasil para os exercícios finalizados em 2010 e introduziu alterações importantes na mensuração e evidenciação dos ativos biológicos. Dentre essas, uma das principais modificações foi a mensuração a valor justo dos ativos biológicos.

3.1 Conceitos gerais sobre os ativos biológicos

O CPC 29 é o pronunciamento que estabelece o tratamento contábil e conceitualiza diversos elementos relacionados aos ativos biológicos e aos produtos agrícolas.

A iniciar pelo seu item 1, onde o pronunciamento define a sua abrangência:

> "[...]
> 1- Este Pronunciamento deve ser aplicado para contabilizar os seguintes itens relacionados com as atividades agrícolas:
> *(a) ativos biológicos, exceto plantas portadoras;*
> *(b) produção agrícola (vide item 5) no ponto de colheita;*
> (c) subvenções governamentais previstas nos itens 34 e 35.

2- Este pronunciamento não é aplicável em:

(a) *terras relacionadas com atividades agrícolas (ver CPC 27 – Ativo Imobilizado e CPC 28 – Propriedade para Investimento);*

(b) *plantas portadoras relacionadas com a atividade agrícola (ver CPC 27).* Contudo, este pronunciamento aplica-se ao produto dessas plantas portadoras;

(c) *subvenção e assistência governamentais relacionadas às plantas portadoras (ver CPC 07);*

(d) *ativos intangíveis relacionados com atividades agrícolas (ver CPC 04 – Ativo Intangível);* (Alterado pela Revisão CPC 08)

(e) *ativos de direito de uso decorrentes de arrendamento de terrenos relacionados à atividade agrícola (ver CPC 06 – Arrendamento).* (Alterada pela Revisão CPC 14)

3- Este Pronunciamento deve ser aplicado para a *produção agrícola, assim considerada aquela obtida no momento e no ponto de colheita dos produtos advindos dos ativos biológicos da entidade. Após esse momento, o CPC 16 – Estoques, ou outro Pronunciamento Técnico mais adequado, deve ser aplicado.* Portanto, este Pronunciamento não trata do processamento dos produtos agrícolas após a colheita, como, por exemplo, o processamento de uvas para a transformação em vinho por vinícola, mesmo que ela tenha cultivado e colhido a uva. Tais itens são excluídos deste Pronunciamento, mesmo que seu processamento, após a colheita, possa ser extensão lógica e natural da atividade agrícola, e os eventos possam ter similaridades.

[...]".

No seu item 4, por exemplo, fornece exemplos do que são ativos biológicos, produtos agrícolas e produtos resultantes do processamento depois da colheita:

Ativos Biológicos	Produtos Agrícolas	Produtos resultantes do processamento após a colheita
Carneiros	Lã	Fios, tapetes
Plantação de árvore para madeira	Árvore cortada	Tora, madeira serrada
Gado de leite	Leite	Queijo
Porcos	Carcaça	Salsicha, presunto
Plantação de algodão	Algodão colhido	Fio de algodão, roupa
Cana-de-açúcar	Cana colhida	Açúcar
Plantação de fumo	Folha colhida	Fumo curado
Arbusto de chá	Folha colhida	Chá
Videira	Uva colhida	Vinho
Árvore frutífera	Fruta colhida	Fruta processada
Palmeira de Dendê	Fruta colhida	Óleo de palma
Seringueira	Látex colhido	Produtos de borracha

Algumas plantas, por exemplo, arbustos de chá, videiras, palmeira de dendê e seringueira, geralmente, atendem à definição de planta portadora e estão dentro do alcance do CPC 27 (BRASIL. Pronunciamento técnico CPC 27, 2009) No entanto, o produto de planta portadora, por exemplo, folhas de chá, uvas, óleo de palma e látex, está dentro do alcance do CPC 29. (Item alterado pela Revisão CPC 08)

No item 5 elabora algumas definições importantes que facilitam o entendimento dos termos utilizados:

> [...]
> 5 - Os seguintes termos são usados neste Pronunciamento com significados específicos:
> *Atividade agrícola* é o gerenciamento da transformação biológica e da colheita de ativos biológicos para venda ou para

conversão em produtos agrícolas ou em ativos biológicos adicionais, pela entidade.

Planta portadora é uma planta viva que:

(a) é utilizada na produção ou no fornecimento de produtos agrícolas;

(b) é cultivada para produzir frutos por mais de um período; e

(c) tem uma probabilidade remota de ser vendida como produto agrícola, exceto para eventual venda como sucata. (Definição incluída pela Revisão CPC 08)

Produção agrícola é o produto colhido de ativo biológico da entidade.

Ativo biológico é um animal e/ou uma planta, vivos.[12]

Transformação biológica compreende o processo de crescimento, degeneração, produção e procriação que causam mudanças qualitativa e quantitativa no ativo biológico.

Despesa de venda são despesas incrementais diretamente atribuíveis à venda de ativo, exceto despesas financeiras e tributos sobre o lucro.

Grupo de ativos biológicos é um conjunto de animais ou plantas vivos semelhantes.

Colheita é a extração do produto de ativo biológico ou a cessação da vida desse ativo biológico.

[...]".

Complementando em relação à definição de planta portadora:

"[...]

5A - Não são plantas portadoras:

(a) plantas cultivadas para serem colhidas como produto agrícola (por exemplo, árvores cultivadas para o uso como madeira);

(b) plantas cultivadas para a produção de produtos agrícolas, quando há a possibilidade maior do que remota de que a

---

[12] Segundo o IBRACON (2008), ativo biológico é tudo que nasce, cresce e morre.

entidade também vai colher e vender a planta como produto agrícola, exceto as vendas de sucata como incidentais (por exemplo, árvores que são cultivadas por seus frutos e sua madeira); e

(c) culturas anuais (por exemplo, milho e trigo). (Incluído pela Revisão CPC 08)

5B. Quando as plantas portadoras não são mais utilizadas para a produção de produtos, elas podem ser cortadas e vendidas como sucata, por exemplo, para uso como lenha. Essas vendas de sucata incidentais não impedem a planta de satisfazer à definição de planta portadora. (Incluído pela Revisão CPC 08)

5C. Produto em desenvolvimento de planta portadora é ativo biológico. (Incluído pela Revisão CPC 08)

Outras definições importantes em relação ao valor contábil e valor justo:

"[...]

8- [...]

Valor contábil é o montante pelo qual um ativo é reconhecido no balanço.

Valor justo é o preço que seria recebido pela venda de um ativo ou que seria pago pela transferência de um passivo em uma transação não forçada entre participantes do mercado na data de mensuração. (Ver Pronunciamento Técnico CPC 46 – Mensuração do Valor Justo). (Alterada pela Revisão CPC 03)

Subvenção governamental é definida no Pronunciamento Técnico CPC 07 – Subvenção e Assistência Governamentais. [...]"

3.2 Reconhecimento e mensuração dos ativos biológicos

"[...]

10- A entidade *deve reconhecer um ativo biológico* ou produto agrícola quando, e somente quando:

(a) controla o ativo como resultado de eventos passados;

(b) for provável que benefícios econômicos futuros associados com o ativo fluirão para a entidade; e

(c) o valor justo ou o custo do ativo puder ser mensurado confiavelmente.

11- Em atividade agrícola, o controle (**referindo-se ao item 10(a)**) pode ser evidenciado, por exemplo, pela propriedade legal do gado e a sua marcação no momento da aquisição, nascimento ou época de desmama. Os benefícios econômicos futuros são, normalmente, determinados pela mensuração dos atributos físicos significativos.

12- *O ativo biológico deve ser mensurado ao valor justo menos a despesa de venda no momento do reconhecimento inicial e no final de cada período de competência, exceto para os casos descritos no item 30, em que o valor justo não pode ser mensurado de forma confiável.*

13- *O produto agrícola colhido de ativos biológicos da entidade deve ser mensurado ao valor justo, menos a despesa de venda, no momento da colheita.* O valor assim atribuído representa o custo, no momento da aplicação do Pronunciamento Técnico CPC 16 – Estoques, ou outro Pronunciamento aplicável.

14- (Eliminado).

15- *A mensuração do valor justo de ativo biológico ou produto agrícola pode ser facilitada pelo agrupamento destes, conforme os atributos significativos reconhecidos no mercado em que os preços são baseados, por exemplo, por idade ou qualidade. A entidade deve identificar os atributos que correspondem aos atributos usados no mercado como base para a fixação de preço.*
[...]"

3.3 Ganhos e perdas em ativos biológicos

"[...]
26- *O ganho ou a perda proveniente da mudança no valor justo menos a despesa de venda de ativo biológico reconhecido no momento inicial até o final de cada período deve ser inclusa no resultado do exercício em que tiver origem.*

27- A perda pode ocorrer no reconhecimento inicial de ativo biológico porque as despesas de venda são deduzidas na determinação do valor justo. O ganho pode originar-se no reconhecimento inicial de ativo biológico, como quando ocorre o nascimento de bezerro.

28- *O ganho ou a perda proveniente do reconhecimento inicial do produto agrícola ao valor justo, menos a despesa de venda, deve ser incluído no resultado do período em que ocorrer.*

29- O ganho ou a perda pode originar-se no reconhecimento inicial do produto agrícola como resultado da colheita.
[...]"

Quando ocorrer incapacidade para mensurar de forma confiável o valor justo deverá ser mensurado a custo, conforme:

"[...]"

30- Há uma premissa de que o valor justo dos ativos biológicos pode ser mensurado de forma confiável. Contudo, tal premissa pode ser rejeitada no caso de ativo biológico cujo valor deveria ser cotado pelo mercado, porém, este não o tem disponível e as alternativas para mensurá-los não são, claramente, confiáveis. Em tais situações, *o ativo biológico deve ser mensurado ao custo, menos qualquer depreciação e perda por irrecuperabilidade acumuladas.*
Quando o valor justo de tal ativo biológico se tornar mensurável de forma confiável, a entidade deve mensurá-lo ao seu valor justo menos as despesas de venda.
Quando o ativo biológico classificado no ativo não circulante satisfizer aos critérios para ser classificado como mantido para venda (ou incluído em grupo de ativo mantido para essa finalidade), de acordo com o Pronunciamento Técnico CPC 31 – Ativo Não Circulante Mantido para Venda e Operação Descontinuada, presume-se que o valor justo possa ser mensurado de forma confiável. (Alterado pela Revisão CPC 03)

31- A presunção do item 30 pode ser rejeitada somente no reconhecimento inicial. A entidade que tenha mensurado previamente o ativo biológico ao seu valor justo, menos a despesa de venda, continuará a mensurá-lo assim até a sua venda.

32- *Em todos os casos, a entidade deve mensurar o produto agrícola no momento da colheita ao seu valor justo, menos a despesa de venda. Este Pronunciamento assume a premissa de que o valor justo do produto agrícola no momento da colheita pode ser sempre mensurado de forma confiável.*

33- Na determinação do custo, da depreciação e da perda por irrecuperabilidade acumuladas, a entidade deve considerar os Pronunciamentos Técnicos CPC 16 – Estoques, CPC 27 –

Ativo Imobilizado e CPC 01 – Redução ao Valor Recuperável de Ativos.
[...]"

3.4 Exercícios Resolvidos

1) Qual das alternativas abaixo consideram apenas ativos biológicos?

a) Lã, arbusto de chá, leite
b) Gado de leite, seringueiras, videiras
c) Látex, Fumo, árvore cortada
d) Tapetes, fio de algodão, palmeira de dendê
e) Plantação de árvores para corte, madeira em tora, fruta processada

2) Relacione as colunas:

(A) o gerenciamento da transformação biológica e da colheita de ativos biológicos para venda ou para conversão em produtos agrícolas ou em ativos biológicos adicionais, pela entidade	**(D)** Ativo Biológico
(B) é uma planta viva que: (a) é utilizada na produção ou no fornecimento de produtos agrícolas; (b) é cultivada para produzir frutos por mais de um período; e (c) tem uma probabilidade remota de ser vendida como produto agrícola, exceto para eventual venda como sucata.	**(F)** Colheita
(C) é o produto colhido de ativo biológico da entidade	**(B)** Planta portadora
(D) é um animal e/ou uma planta, vivos	**(C)** Produção agrícola

(E) compreende o processo de crescimento, degeneração, produção e procriação que causam mudanças qualitativa e quantitativa no ativo biológico	(**E**) Transformação biológica
(F) é a extração do produto de ativo biológico ou a cessação da vida desse ativo biológico.	(**A**) Atividade agrícola

3) São consideradas plantas portadoras:

a) plantas cultivadas para serem colhidas como produto agrícola.

b) plantas cultivadas para a produção de produtos agrícolas, quando há a possibilidade maior do que remota de que a entidade também vai colher e vender a planta como produto agrícola, exceto as vendas de sucata como incidentais (por exemplo, árvores que são cultivadas por seus frutos e sua madeira).

c) culturas anuais, por exemplo, milho e trigo.

d) **planta viva cultivada para produzir frutos por mais de um período.**

4 DEFINIÇÃO E MENSURAÇÃO DO VALOR JUSTO CPC 46[13]

Antes de iniciarmos o entendimento do CPC 46 vale a contextualização a respeito de custo e valor justo nas definições constantes nos Pronunciamentos Contábeis e na lei 6.404/1976 referentes aos critérios de avaliação do ativo e do passivo em geral.

Conforme CPC 28 R12, item 5:

> "Custo é o montante de caixa ou equivalentes de caixa pago ou o valor justo de outra contraprestação dada para adquirir um ativo no momento da sua aquisição ou construção ou, quando aplicável, o montante atribuído àquele ativo quando inicialmente reconhecido em consonância com requerimentos específicos de outros Pronunciamentos, [...]."

> "Valor justo é o preço que seria recebido pela venda de um ativo ou que seria pago pela transferência de um passivo em uma transação não forçada entre participantes do mercado na data de mensuração. [...]"

A avaliação dos ativos tem por função tratar o valor do patrimônio da entidade o mais realista possível. O princípio básico da avaliação de ativos conforme a lei nº 6.404/1976 é o **custo histórico como base de valor**, que foi aprimorada nesse assunto pela lei nº

---

[13] Disponível em http://static.cpc.aatb.com.br/Documentos/395_CPC_46_rev%2014.pdf. Acessado em 6 de janeiro de 2023.

11.638/2007 principalmente em relação aos instrumentos financeiros. A mudança introduzida prevê a mensuração contábil pelo **valor presente** aplicado ao reconhecimento inicial dos ativos e que os ativos monetários com juros implícitos serão trazidos ao valor presente quando do seu reconhecimento inicial.

"Art. 183. No balanço, os elementos do ativo serão avaliados segundo os seguintes critérios:
I - as aplicações em instrumentos financeiros, inclusive derivativos, e em direitos e títulos de créditos, classificados no ativo circulante ou no realizável a longo prazo: (*Caput* do inciso com redação dada pela lei nº 11.638, de 28/12/2007)
a) pelo seu valor justo, quando se tratar de aplicações destinadas à negociação ou disponíveis para venda; e (Alínea com redação dada pela lei nº 11.941, de 27/5/2009)
b) pelo valor de custo de aquisição ou valor de emissão, atualizado conforme disposições legais ou contratuais, ajustado ao valor provável de realização, quando este for inferior, no caso das demais aplicações e os direitos e títulos de crédito; (Alínea acrescida pela lei nº 11.638, de 28/12/2007) {...}"

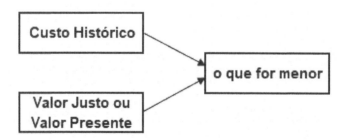

As práticas contábeis adotadas no Brasil e o padrão internacional de contabilidade estabelecem a necessidade de apresentar, na data-base de cada balanço, determinados ativos e passivos por seu valor justo, bem como determinados ativos e passivos ajustados a valor presente. Sendo o valor justo ou presente menor que o custo histórico contábil haverá uma perda por irrecuperabilidade, ou seja, a empresa não será capaz de recuperar pela venda, ou pelo uso, o custo de aquisição de um ativo. Essa verificação é chamada de teste de *impairment* (recuperabilidade)

Na atividade rural, encontra-se respaldo para uso do valor justo na lei 6.404/76, conforme:

> "Art. 183
> [...] § 4º [...]
> Os estoques de mercadorias fungíveis destinadas à venda poderão ser avaliados pelo valor de mercado, quando este for o costume mercantil aceito pela técnica contábil"

O pronunciamento CPC 12 – Anexo, explica a diferença entre os termos, valor justo e valor presente:

> "[...] Valor justo ou *Fair Value*: tem como primeiro objetivo demonstrar o valor de mercado de determinado ativo ou passivo; na impossibilidade disso, demonstrar o provável valor que seria o de mercado por comparação a outros ativos ou passivos que tenham valor de mercado; na impossibilidade dessa alternativa também, demonstrar o provável valor que seria o de mercado por utilização do ajuste a valor presente dos valores estimados futuros de fluxos de caixa vinculados a esse ativo ou passivo; finalmente, na impossibilidade dessas alternativas, pela utilização de fórmulas econométricas reconhecidas pelo mercado. (grifo do autor)
> Ajuste a Valor Presente: tem como objetivo efetuar o ajuste para demonstrar o valor presente de um fluxo de caixa futuro. Esse fluxo de caixa pode estar representado por ingressos ou saídas de recursos (ou montante equivalente; por exemplo, créditos que diminuam a saída de caixa futuro seriam equivalentes a ingressos de recursos). Para determinar o valor presente de um fluxo de caixa, três informações são requeridas: valor do fluxo futuro (considerando todos os termos e as condições contratados), data do referido fluxo financeiro e taxa de desconto aplicável à transação.

Em algumas circunstâncias o valor justo e o valor presente podem coincidir. [...]"

Já no passivo, conforme a lei n° 6.404/1976 teremos:

> Art. 184. No balanço, os elementos do passivo serão avaliados de acordo com os seguintes critérios:
> I - as obrigações, encargos e riscos, conhecidos ou calculáveis, inclusive Imposto sobre a Renda a pagar com base no resultado do exercício, serão computados pelo valor atualizado até a data do balanço;
> II - as obrigações em moeda estrangeira, com cláusula de paridade cambial, serão convertidas em moeda nacional à taxa de câmbio em vigor na data do balanço;
> III - as obrigações, os encargos e os riscos classificados no passivo não circulante serão ajustados ao seu valor presente, sendo os demais ajustados quando houver efeito relevante. (Inciso com redação dada pela Lei n° 11.941, de 27/5/2009).

O CPC 46 é o Pronunciamento que trata da mensuração do valor justo, e que é correspondente ao IFRS 13 (*Fair Value*).

Tem como pontos principais:

> "[...]
> 1- O objetivo deste Pronunciamento é:
> (a) ***definir valor justo***;
> (b) estabelecer em um único Pronunciamento a estrutura para a mensuração do valor justo; e
> (c) estabelecer divulgações sobre mensurações do valor justo.
>
> 2- ***O valor justo é uma mensuração baseada em mercado e não uma mensuração específica da entidade***. Para alguns ativos e passivos, pode haver informações de mercado ou transações de mercado observáveis disponíveis e para outros pode não haver. Contudo, o objetivo da mensuração do valor justo em ambos os casos é o mesmo – estimar o preço pelo qual uma transação não forçada para vender o ativo ou para

transferir o passivo ocorreria entre participantes do mercado na data de mensuração sob condições correntes de mercado (ou seja, um preço de saída na data de mensuração do ponto de vista de participante do mercado que detenha o ativo ou o passivo).

3- Quando o preço para um ativo ou passivo idêntico não é observável, a entidade mensura o valor justo utilizando outra técnica de avaliação que maximiza o uso de dados observáveis relevantes e minimiza o uso de dados não observáveis. Por ser uma mensuração baseada em mercado, o valor justo é mensurado utilizando-se as premissas que os participantes do mercado utilizariam ao precificar o ativo ou o passivo, incluindo premissas sobre risco. Como resultado, a intenção da entidade de manter um ativo ou de liquidar ou, de outro modo, satisfazer um passivo não é relevante ao mensurar o valor justo.

4- A definição de valor justo se concentra em ativos e passivos porque eles são o objeto primário da mensuração contábil. Além disso, este Pronunciamento deve ser aplicado aos instrumentos patrimoniais próprios da entidade mensurados ao valor justo.
[...]

A definição do valor justo é dada:

[...]
9- Este ***Pronunciamento define valor justo como o preço que seria recebido pela venda de um ativo ou que seria pago pela transferência de um passivo em uma transação não forçada entre participantes do mercado na data de mensuração***
[...]

A mensuração do valor justo é dada por:
[...]

11- A mensuração do valor justo destina-se a um ativo ou passivo em particular. Portanto, ao mensurar o valor justo, a entidade *deve levar em consideração as características do ativo ou passivo se os participantes do mercado, ao precificar o ativo ou o passivo na data de mensuração, levarem essas características em consideração*. Essas características incluem, por exemplo:

(a) a condição e a localização do ativo; e

(b) restrições, se houver, para a venda ou o uso do ativo.

[...]

15- A mensuração do valor justo destina-se a um ativo ou passivo em particular. Portanto, ao mensurar o valor justo, a entidade deve levar em consideração as características do ativo ou passivo se os participantes do mercado, ao precificar o ativo ou o passivo na data de mensuração, levarem essas características em consideração. Essas características incluem, por exemplo:

(a) a condição e a localização do ativo; e

(b) restrições, se houver, para a venda ou o uso do ativo.

[...]

Quanto às técnicas de avaliação:

[...]

61- *A entidade deve utilizar técnicas de avaliação que sejam apropriadas nas circunstâncias e para as quais haja dados suficientes disponíveis para mensurar o valor justo*, maximizando o uso de dados observáveis relevantes e minimizando o uso de dados não observáveis.

62- O objetivo de utilizar uma técnica de avaliação é estimar o preço pelo qual uma transação não forçada para a venda do ativo ou para a transferência do passivo ocorreria entre participantes do mercado na data de mensuração nas condições atuais de mercado. Três técnicas de avaliação amplamente utilizadas são

(i) abordagem de mercado,

(ii) abordagem de custo e
(iii) abordagem de receita.

Abordagem de mercado

B5- A abordagem de mercado utiliza preços e outras informações relevantes geradas por transações de mercado envolvendo ativos, passivos ou grupo de ativos e passivos – como, por exemplo, um negócio – idêntico ou comparável (ou seja, similar).

Abordagem de custo

B8- A abordagem de custo reflete o valor que seria necessário atualmente para substituir a capacidade de serviço de ativo (normalmente referido como custo de substituição/reposição atual).

Abordagem de receita

B10- A abordagem de receita converte valores futuros (por exemplo, fluxos de caixa ou receitas e despesas) em um valor único atual (ou seja, descontado). Quando a abordagem de receita é utilizada, a mensuração do valor justo reflete as expectativas de mercado atuais em relação a esses valores futuros.

[...]

Quanto à hierarquia do valor justo:

Para fins de divulgação dos resultados, existem três níveis de classificação. Junto a isso, a hierarquia desses *inputs* é um dos conceitos mais importantes deste pronunciamento contábil. Os níveis variam em função de técnicas de avaliação utilizadas, números de variáveis analisadas e dados de entrada utilizados no modelo. Ou seja, eles têm como objetivo aumentar a consistência e a comparabilidade das mensurações do Valor Justo nas divulgações.

[...]

72- Para aumentar a consistência e a comparabilidade nas mensurações do valor justo e nas divulgações correspondentes, este Pronunciamento estabelece uma hierarquia de valor justo que classifica em três níveis (vide itens 76 a 90) as informações (inputs) aplicadas nas técnicas de avaliação utilizadas na mensuração do valor justo. A hierarquia de valor justo dá a mais alta prioridade a preços cotados (não ajustados) em mercados ativos para ativos ou passivos idênticos (informações de Nível 1) e a mais baixa prioridade a dados não observáveis (informações de Nível 3).

[...]

76- *Informações de Nível 1 são preços cotados (não ajustados) em mercados ativos para ativos ou passivos idênticos a que a entidade possa ter acesso na data de mensuração.*

[...]

81- *Informações de Nível 2 são informações que são observáveis para o ativo ou passivo, seja direta ou indiretamente, exceto preços cotados incluídos no Nível 1.*

[...]

86- *Informações (inputs) de Nível 3 são dados não observáveis para o ativo ou passivo.*

[...]".

5 CONCEITOS GERAIS SOBRE DEPRECIAÇÃO, AMORTIZAÇÃO, EXAUSTÃO

Apresentaremos os conceitos gerais sobre os temas e nos tópicos sobre atividades agrícolas e pecuárias na sequência as especificidades de cada um.

Conforme Travassos (2022), depreciação, amortização e exaustão são tipos de despesas que não serão imediatamente consumidos, ou seja, terão seus valores reduzidos no decorrer do tempo em função de desgaste, obsolescência, perda de utilidade, ação do tempo, esgotamento, término contratual, término de vigência etc.

- Conceito de vida útil

A vida útil do bem pode ser determinada em anos, ou horas de trabalho ou quantidade produzida, em condições normais de uso. Pelas novas práticas contábeis o conceito de vida útil, ao invés de ser o tempo físico de existência do bem (vida em condições normais de uso), passou a ser definido pelo tempo em que a empresa espera se utilizar do bem. Outra forma é através da obsolescência que ocorre em função das rápidas mudanças tecnológicas.

Uma alteração relevante foi introduzida pela lei nº 11.639/2007, consiste na obrigatoriedade de se rever a vida útil estimada utilizada para o cálculo da depreciação dos ativos.

"Art. 183

[...] § 3º [...]

II – revisados e ajustados os critérios utilizados para determinação da vida útil econômica estimada e para cálculo da depreciação, exaustão e amortização".

Assim, a partir de 01/01/2010 passou-se a rever e ajustar os critérios utilizados para determinação da vida útil econômica estimada para cálculo da depreciação, amortização e exaustão.

- **Valor Residual**

O valor residual é o valor provável da venda do bem ao final de sua vida útil estimada. Isso evita que esse valor residual seja depreciado ou amortizado, já que esse valor é uma provável entrada de caixa no futuro (representa um valor de mercado) e teoricamente, por isso, não deve ser depreciado.

5.1 Depreciação

Ocorre nos bens alocados no imobilizado, quitados ou não, que serão utilizados (consumidos) no decorrer de vários exercícios contábeis em função de sua vida útil. Por exemplo, um veículo adquirido para um vendedor é um gasto necessário para o desenvolvimento de suas atividades e que será usado por longo período até ser substituído. Esse gasto **NÃO** deverá, portanto, ser lançado como uma despesa contábil de uma única vez, já que será consumido durante vários períodos, e será ativado como um imobilizado. A vida útil é determinada considerando diversos fatores como manutenção adequada, uso adequado, obsolescência e deterioração natural ou não.

Note que são despesas em que não há um desembolso de caixa. Não há saída de recursos da empresa, entretanto, por ser uma despesa diminui seu resultado, gerando uma economia de impostos sobre o lucro. Em tese essa economia gerada em impostos, acrescida as receitas geradas pelo uso desse bem e ainda por sua possível venda contribuirá para que um novo bem novo possa ser adquirido em sua substituição.

5.1.1 Valor Depreciável

A introdução do conceito do valor residual levou a criação de outro conceito, que é o de valor depreciável, que é a diferença entre o valor do bem e o valor residual. Uma vez que o valor residual não será depreciado, ele deverá ser considerado como o valor líquido do bem, após o término da vida útil utilizada.

> **Valor depreciável = valor de aquisição (ou valor ajustado) do bem – valor residual.**

Desta maneira, as taxas de depreciação ou amortização serão aplicadas sempre sobre o valor depreciável.

5.1.2 Critérios de cálculo da depreciação

Há vários critérios que podem ser utilizados, dentre esses citamos alguns:
- Critério de quotas (% taxa) constantes (mais usada e que exemplificaremos)
- Critério das quantidades produzidas
- Critério das horas de trabalho
- Critério da depreciação decrescente

5.1.3 Método de cálculo – quotas ou linear

Vamos considerar como base o critério das quotas constantes. As taxas de depreciação são determinadas em função da vida útil estimada dos bens. Caso, especificamente, tenhamos um bem que devido ao seu uso tenha sua vida útil diferente do que se costumeiramente se utiliza, um laudo técnico de profissional ou empresa especializada é suficiente para adotarmos nova via útil para aquele bem específico.

5.1.4 Cálculo da taxa de depreciação

Tomando como exemplo um veículo, é costume aceitar que tenha uma vida útil de 5 anos, ou seja, o processo de depreciação transformará em despesa o valor depreciável desse veículo num prazo de 5 anos.

Taxa de depreciação = 100% / anos de vida útil

Taxa de depreciação do veículo = 100% / 5 anos = 20% ao ano

5.1.5 Tipos de bens NÃO depreciáveis segundo a Receita Federal

- Bens que não perdem valor (obras de arte, antiguidades)
- Terrenos (a construção pode ser depreciada)
- Imóveis não alugados ou destinados à revenda
- Bens para os quais sejam registradas quotas de exaustão
- Bens cujo tempo de vida útil seja menor que 1 ano
- Bens de valor inferior a $ 1.200 (decreto 9.580/2018) – são lançados direto como despesas

5.1.6 Início e fim da depreciação

O início se dá quando da instalação (posto em serviço ou em produção)

O término ocorre quando o ativo é reclassificado em "mantido para venda", ou na data em que for baixado (o que ocorrer primeiro)

Mas continua sendo depreciado mesmo se estiver ocioso (sem produção)

Taxas de depreciação normalmente aceitáveis		
Imobilizado	Vida Útil	Taxa de depreciação (ao ano)
Terrenos	Indeterminado	Inexistente
Imóveis	25 anos	4%
Instalações	10 anos	10%
Máquinas	10 anos	10%

Taxas de depreciação normalmente aceitáveis		
Imobilizado	**Vida Útil**	**Taxa de depreciação (ao ano)**
Móveis e Utensílios	10 anos	10%
Veículos	5 anos	20%

5.1.6.1 Exemplo 1 – Depreciação sem valor residual

Supondo um veículo adquirido em 01-jan-x1, por $ 30.000, considerando um prazo de depreciação de 5 anos e sem valor residual. Elabore os registros nos razonetes, partidas no diário e situação do bem no BP no encerramento de cada período.

Resolução Exemplo 1

em 31/12/x1

Veículos	Depr. Ac. Veículos	Desp.Depr.Veículos
30.000	10.000	10.000

em 31/12/x2

Veículos	Depr. Ac. Veículos	Desp.Depr.Veículos
30.000	10.000	10.000
	10.000	

em 31/12/x3

Veículos	Depr. Ac. Veículos	Desp.Depr.Veículos
30.000	10.000	10.000
	10.000	
	10.000	

Partida no Diário em x1	
D- Despesa com depreciação – veículo	
C- Depreciação acumulada – veículos	10.000
Balanço Patrimonial em X1	
Veículos	30.000
(-) depreciação acumulada – veículos	(10.000)
	20.000

Partida no Diário em x2	
D- Despesa com depreciação – veículo	
C- Depreciação acumulada – veículos	10.000
Balanço Patrimonial em X2	
Veículos	30.000
(-) depreciação acumulada – veículos	(20.000)
	10.000

Partida no Diário em x3	
D- Despesa com depreciação – veículo	
C- Depreciação acumulada – veículos	10.000
Balanço Patrimonial em X3	
Veículos	30.000
(-) depreciação acumulada – veículos	(30.000)
	0

Obs.: A cada período, uma parcela de $ 10.000 da depreciação é transferida para despesas com depreciação e acumulada em depreciação acumulada. Essa despesa irá contribuir para a diminuição do resultado do exercício.

O valor histórico do bem é mantido para efeito gerencial em $ 30.000.

No exemplo, como não há valor residual, o valor do bem é depreciado até zerar e a conta depreciação acumulada – veículos chega ao valor histórico do bem $ 30.000.

Cada ativo deve ter suas contas de depreciação acumulada separadas.

5.1.6.2 Exemplo 2 – Depreciação com valor residual

Supondo um veículo adquirido em 1-1-x1 por $ 600, com valor residual de $ 100 ao final da vida útil considerada de 2 anos. Calcule a taxa de depreciação, o valor depreciável e **o valor da** depreciação anual.

Resolução Exemplo 2

Taxa de depreciação = 100% / 2 anos = 50% ao ano (a.a.)

Valor depreciável = valor do bem – valor residual = $ 600 - $ 100 = $ 500

Valor da depreciação anual = $ 500 x 50% = $ 250,00

5.1.6.3 Exemplo 3 – Depreciação

Supondo um equipamento que já foi depreciado em 100%, comprado por $ 1.000 (valor histórico) com um valor residual de $ 200, sendo vendido por $ 500 à vista. Faça as partidas no diário na venda.

Resolução Exemplo 3

Na venda serão feitos 2 lançamentos no diário:

1º Para a entrada da receita no caixa
D- Caixa
C- Outras Receitas $ 500

2º Para a baixa do equipamento no Ativo Imobilizado
D- Outras Despesas $ 200 (pelo valor residual)
D- Depreciação Acumulada–Equipamentos $ 800 (pelo valor da depreciação acumulada até o mês da baixa)
C- Equipamentos $ 1.000

5.1.6.4 Exemplo 4

Suponha que uma empresa possua o seguinte imobilizado ao final de x1:

Imobilizado	Valor histórico $	Depreciação Ac. $	Vlr. a depreciar $
Equipamentos	30.000	9.000	21.000
Veículos	5.000	4.000	1.000

Supondo que a taxa de depreciação dos equipamentos seja 10% a.a. e dos veículos 20% a.a., e ainda que durante x2 foram feitas as seguintes aquisições:

- Um novo equipamento por $ 10.000
- Um novo veículo por $ 7.500

Pede-se calcular:

a) identificar o número de anos já depreciado, base 31-12-x1 para cada imobilizado
b) Elaborar o BP (só imobilizado) em 31-12-x1
c) Fazer o lançamento em T das aquisições de x2 e das depreciações de x2
d) Elaborar o BP (só imobilizado) em 31-12-x2

Resolução Exemplo 4

a)

- Equipamentos => 30.000 x 10% = 3.000 => 9.000 / 3.000 = 3 anos
- Veículos => 5.000 x 20% = 1.000 => 4.000/1.000 = 4 anos

b)

BP em 31/12/x1

Equipamentos	30.000
(-) depreciação acumulada – equipamentos	(9.000)
(=) valor contábil	21.000

Veículos	5.000
(-) depreciação acumulada – veículos	(4.000)
(=) valor contábil	1.000

c)

em 31/12/x2

Equipamentos	Depr. Ac. Equip.	Desp.Depr.Equip.
30.000	9.000	3.000
10.000	4.000	1.000
40.000	13.000	4.000

Veículos	Depr. Ac. Veículos	Desp.Depr.Veículos
5.000	4.000	1.000
7.500	2.500	1.500
12.500	6.500	2.500

Exemplificando o lançamento de Equipamentos, ele serve para veículos:

Já havia equipamentos imobilizados por $ 30.000 e depreciação acumulada – equipamentos em x1 de $ 9.000.

Adquiriu-se um novo equipamento x2 por $ 10.000 e o total de equipamentos passou a $ 40.000.

Usamos uma taxa de depreciação de equipamentos em 10% ao ano, e como já tínhamos $ 30.000, sua depreciação somou $ 3.000 (somente referente aos equipamentos que já possuíamos), porém, adquirimos mais $ 10.000, o que levou a mais $ 1.000 em depreciação totalizando $ 4.000 que foram alocadas em despesas.

Logo, à depreciação acumulada que já era de $ 9.000, acrescentamos os $ 4.000 referentes à x2 totalizando $ 13.000.

d)

BP em 31/12/x2	
Equipamentos	40.000
(-) depreciação acumulada – equipamentos	(13.000)
(=) valor contábil	27.000
Veículos	12.500
(-) depreciação acumulada – veículos	(6.500)
(=) valor contábil	6.000

5.2 Amortização

É a transferência gradual de valor dos direitos registrados no intangível para o Resultado em parcelas periódicas, normalmente lineares, e serão consideradas despesas contábeis. O direito pode ter vida útil definida ou indefinida não é amortizado, caso contrário, terá sua amortização através da vida útil estimada.

A amortização é semelhante à depreciação do imobilizado pelo critério linear e, assim como no imobilizado, a vida útil deve ser revista anualmente e alterada se necessário, alterando-se também o prazo de amortização. Também o valor do intangível deve ser reavaliado anualmente, valorizando ou desvalorizando ao valor recuperável, se for o caso.

Bens amortizáveis – benfeitorias em bens de terceiros com cláusula de ressarcimento. Esses direitos devem ser classificados no Ativo Imobilizado.

5.2.1 Diretos amortizáveis

- Concessões públicas (estradas, telefonias, ferrovias etc.)
- Direitos autorais
- Compra de tecnologia
- Patentes de invenção
- Direito de uso de marcas
- Contratos de exploração de florestas de terceiros

5.2.2 Itens não amortizáveis

- Valores aplicados a direitos que não tenham prazo definido para extinção (exemplo: direito de uso de linha telefônica)
- Ou que não se desvalorizam (exemplo: marcas e patentes)

5.2.2.1 Exemplo 1

Supondo uma fábrica de software que vai desenvolver um aplicativo que será comercializado na forma de licença de uso. A empresa quer fazer uma previsão de amortização de seus gastos com desenvolvimento supondo que o software levará 2 anos de desenvolvimento e terá uma vida útil de 4 anos sem residual ao final.

Os gastos previstos durante o desenvolvimento são:

Mão de obra especializada $ 200.000/ano

Equipamentos e tecnologia aplicada $ 100.000/ano

Outros gastos diretos $ 100.000/ano

Logo, os gastos previstos nessa fase serão de $ 400.000.

Nesse caso, o custo unitário é de $ 400 e prevê-se a venda de 1000 cópias ao valor de $ 1.200 cada.

Execute para cada período:

a) as partidas no diário

b) os balanços patrimoniais

Resolução Exemplo 1

a)

Partida no diário em X1

- D- Investimento em software (ativo intangível)
- C- Caixa e equivalentes de caixa $ 200.000

Partida no diário em X2
- D- Investimento em software (ativo intangível)
- C- Caixa e equivalentes de caixa $ 200.000

Partida no diário em X3
- D- Despesa com amortização
- C- Amortização Acumulada (software) $ 100.000

Partida no diário em X4
- D- Despesa com amortização
- C- Amortização Acumulada (software) $ 100.000

Partida no diário em X5
- D- Despesa com amortização
- C- Amortização Acumulada (software) $ 100.000

Partida no diário em X6
- D- Despesa com amortização
- C- Amortização Acumulada (software) $ 100.000

b)

BP em X1
Ativo Intangível
- Investimento em software $ 200.000

BP em X2
Ativo Intangível
- Investimento em software $ 400.000

BP em X3
Ativo Intangível
- Investimento em software $ 400.000
- (-) amortização acumulada   ($ 100.000)
- (=) valor contábil líquido $ 300.000

BP em X4
Ativo Intangível
- Investimento em software $ 400.000
- (-) amortização acumulada   ($ 200.000)
- (=) valor contábil líquido $ 200.000

BP em X5
Ativo Intangível
- Investimento em software $ 400.000
- (-) amortização acumulada   ($ 300.000)
- (=) valor contábil líquido $ 100.000

BP em X6
Ativo Intangível
- Investimento em software$ 400.000
- (-) amortização acumulada($ 400.000)
- (=) valor contábil líquido$ 0

5.3 Exaustão

Todos os conceitos da depreciação são aplicados à exaustão mudando o tipo do bem que nesse caso é algo que vá perdendo sua capacidade ou potencial de exploração comercialmente viável no decorrer do tempo. Por exemplo, a exploração de recursos naturais. Para isso, ao invés de se utilizar o conceito de vida útil estimada, utiliza-se o conceito de potencial de exploração viável do recurso natural imobilizado.

O caso mais comum são os de recursos minerais, o que potencial significa a capacidade de extração do minério de uma mina. A taxa de exaustão da jazida é obtida dividindo-se o montante dispendido para iniciar a exploração e prospecção do minério, pela capacidade de exploração viável da mina estimada em anos. Outro método utilizado é calcular a exaustão com base nas quantidades extraídas em cada período. Assim como na depreciação, não sendo mais viável economicamente a exploração, é dada a baixa do imobilizado.

Os gastos com exaustão deverão ser adicionados aos demais gastos correntes de produção, para obtenção do custo dos recursos naturais extraídos, que serão vendidos. Esses custos serão estocados, como estoques industriais, enquanto não vendidos.

5.3.1.1 Exemplo – exaustão com base na quantidade extraída

Suponha uma empresa que gastou na prospecção e preparação de exploração de uma jazida de bauxita $ 180.000, que tem um potencial estimado de 3.000 toneladas. A extração aconteceu em 3 anos em quantidades diferentes e o custo médio por tonelada é de $ 100. Registre no diário e BP o lançamento da exaustão de cada pe-

Conceitos gerais sobre depreciação, amortização, exaustão   **73**

ríodo. Suponha também que as quantidades exploradas em cada período tenha sido: 600 toneladas em x1, 1.000 em x2 e 1.400 em x3.

Resolução

Período	Quantidade extraída (em toneladas)	Custo médio / tonelada ($)	Valor da exaustão ($)
x1	600	60	36.000
x2	1.000	60	60.000
x3	1.400	60	84.000

Partida no Diário em x1	
D- Despesa com exaustão	
C- Exaustão acumulada	36.000
Balanço Patrimonial em X1	
Jazida mineral	180.000
(-) Exaustão acumulada	(36.000)
	144.000

Partida no Diário em x2	
D- Despesa com exaustão	
C- Exaustão acumulada	60.000
Balanço Patrimonial em X2	
Jazida mineral	180.000
(-) Exaustão acumulada	(96.000)
	84.000

Partida no Diário em x3	
D- Despesa com exaustão	
C- Exaustão acumulada	84.000

Partida no Diário em x3	
Balanço Patrimonial em X3	
Jazia mineral	180.000
(-) Exaustão acumulada	(180.000)
	0

6 GASTOS NA ATIVIDADE RURAL

Uma das orientações mais corriqueiras dadas pelos contadores aos gestores é sobre a importância da separação do patrimônio particular do patrimônio do empreendimento, e da mesma forma em relação aos recebimentos e os gastos de cada uma das entidades. Parece óbvio, mas não é o que muitas vezes é percebido. E esse problema não é exclusivo da atividade agropecuária, mas comum aos pequenos e médios empreendimentos de qualquer natureza.

Dada essa premissa, a composição dos gastos é de fundamental importância para o sucesso para qualquer empreendimento. Na agropecuária, por suas peculiaridades, tratando de produtos que se modificam (nascem, crescem e engordam) diuturnamente, os cuidados precisam ser ainda maiores. Começa com a execução de um inventário meticuloso para definição exata do patrimônio e a partir disso a estruturação de um plano de contas adequado possibilitando que todas as receitas recebidas, todos os serviços e insumos gastos e todas as variações patrimoniais sejam registradas de maneira correta, adequada, legal e realista, formando com isso uma base preciosa de informações históricas para subsidiar e orientar uma gestão eficiente na **tomada de decisão**.

Apenas como amostra pontual desse problema, Dal Magro *et al.* (2014) *apud* Kruger *et al.* (2013), pesquisaram sobre a utilização das técnicas contábeis em 150 propriedades rurais do município de Erval Grande, RS que demonstraram que 61% dos produtores rurais entrevistados não separavam seus gastos particulares dos gastos com as atividades rurais e 45% destes não faziam nenhum tipo de controle ou anotações e ainda que 56% tinham seus preços de comercialização definidos pelas empresas compradoras. Além disso, o estudo indicou que os objetivos e as finalidades da contabilidade eram desconhecidos para 48% dos pesquisados.

6.1 Gastos - Despesas x custos x investimentos x perdas

Toda empresa para operar e gerar suas receitas acaba gerando também gastos, e o importante é que os gastos sejam menores que as receitas. Esses gastos, do ponto de vista da contabilidade de custos se dividem em despesas, custos e investimentos.

Bruni (2012) sintetiza graficamente e de maneira bem elucidativa a relação de gastos, custos, despesas e investimentos.

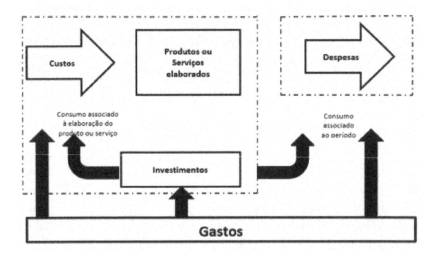

Na sequência, ainda conforme Bruni (2012), detalhamento da composição e nomenclatura dos gastos (custo e despesas).

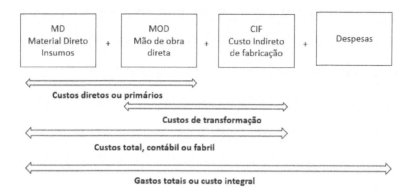

6.1.1 Gastos

Sacrifícios financeiros (atuais ou futuros) que a entidade faz ou fará para a manutenção da operação e obtenção de um produto ou um serviço. Nos referimos a sacrifícios financeiros atuais ou futuros, porque a contabilidade se utiliza (salvo algumas exceções) do regime de competência, que obriga que a escrituração ocorra no momento da ocorrência do fato gerador independentemente da entrada ou saída de recursos no caixa. Em outras palavras, a incorrência dos gastos deve ser registrada no momento referente à ocorrência do fato mesmo que naquele momento não tenha havido dispêndio de recursos (saída de caixa). Por exemplo: os trabalhadores normalmente recebem seus pagamentos até o 5º dia útil do mês subsequente, entretanto, as despesas com salários são lançadas no mês em que o trabalhador efetivamente trabalhou. Então, teremos no último dia do mês um lançamento a débito de "despesas com salários" com contrapartida de um crédito em "salários a pagar". Ou seja, o gasto incorreu e foi registrado na contabilidade, entretanto não houve saída do caixa.

MODELO DE GASTOS – Custos x Despesas

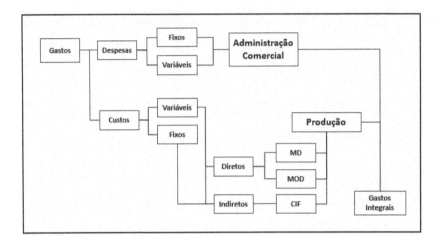

6.1.2 Custos

São os gastos produtivos, chamados custos de cultura, ou seja, identificáveis com a produção/criação, podendo ser diretos ou indiretos; são os gastos aplicados / consumidos na produção/criação de um produto, acrescidos dos demais gastos necessários para se deixar esses produtos em condições de serem vendidos.

- **Na agricultura** – temos, por exemplo, gastos com a utilização de sementes, adubos, mão de obra e encargos de produção, insumos gerais diversos, combustível das máquinas e equipamentos, energia elétrica, inseticidas, serviços de agrimensura, topografia, depreciação de máquinas, equipamentos e instalações de produção, aluguel de terras, armazenamento e beneficiamento etc.
    ◊ Notem que os insumos passíveis de estocagem serão considerados investimentos até o momento em que forem de fato consumidos, quando então passarão a ser custos. Outros gastos não passíveis de estocagem serão considerados investimentos até o momento em que incorrerem (forem utilizados, executados) quando então passarão a ser custos.

- **Na pecuária** – temos, por exemplo, gastos com o consumo de insumos como sal, rações, farelos e outros alimentos, medicamentos, vacinas, mão de obra e encargos do manejo do plantel, insumos gerais como energia elétrica, serviços de veterinária ou outros serviços avulsos, manutenção de cercas e pastos, depreciação de instalações, matrizes, reprodutores etc.
    ◊ Assim como na agricultura, serão considerados investimentos enquanto não estiverem sendo consumidos (utilizados) quando então, passarão a ser custos.

Esses custos irão ao final compor o CPV – Custo do Produto Vendido – por tipo de produto (trigo, milho, soja etc.) ou CGV – Custo do Gado Vendido, ou CRP – Custo do rebanho no período. Enfim, a nomenclatura é variada, mas o conceito é o mesmo.[14]

Na sequência é apresentado um esboço da formação do CPV – Custo do produto agrícola vendido no método de custo:

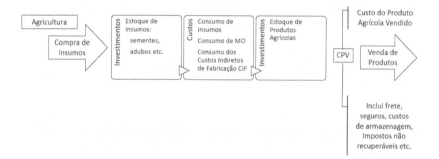

- Os insumos adquiridos e estocados são tratados como investimentos.
- No processo de cultivo/produção/colheita os insumos consumidos e a mão de obra consumida se transformam em custo dos produtos agrícolas (produtos acabados) que ao

---

[14] Nesse livro para facilitar a didática, identificaremos os custos de produção independentemente do tipo do produto agrícola (trigo, milho, soja, gado, rebanho etc.), por CPV – Custo do produto Vendido e por CSP – Custo dos serviços prestados

serem novamente estocados volta a ser considerados investimentos. Serão posteriormente, na venda, transformados em custo do produto (agrícola) vendido (CPV).

- Os insumos adquiridos e estocados são tratados como investimentos.
- No processo de formação e manutenção do rebanho, os insumos consumidos e a mão de obra consumida são acumulados e na venda formam o custo do produto (agrícola/pecuário) vendido (CPV).

6.1.3 Despesas

São os gastos improdutivos associados a um "período de tempo", portanto, não associados a produção/criação. Para simplificar, seriam todos os gastos que não se enquadram na categoria de custos anteriormente definidos e que foram gastos em determinado período, independentemente de ter ou não havido produção/criação. Por exemplo, os gastos administrativos, comerciais e financeiros.

6.1.4 Investimentos

São gastos que ocorrerão no futuro, ou seja, ainda não estão sendo consumidos. Por exemplo, a compra de um trator, que ainda não foi alocado em suas atividades produtivas só poderá ser depreciada (tendo parcela de seu valor alocado para custo) a partir do momento em que entrar em produção. A compra do rebanho a ser formado, que terá, provavelmente, um tempo de maturação de mais de um exercício. Dá mesma forma uma cultura permanente em formação não poderá ser depreciada até que esteja formada e ocorra a primeira colheita. Por outro lado, caso seja a compra de um rebanho de corte que já esteja formado e que fique menos de um exercício para engorda, por exemplo, será considerada uma despesa.

6.1.5 Perdas

Uma classificação adicional refere-se a perdas. Trata-se de um gasto não intencional, involuntário, mas que dependendo pode ser considerado normal ou anormal. Em qualquer processo produtivo normalmente ocorrem perdas que podemos considerar normais, por exemplo, na produção de um prato cujo ingrediente seja peixe, o cozinheiro terá antes que limpá-lo, logo, para 1 kg de peixe fresco teremos 700 gramas de peixe limpo e apto a ser servido. Nesse caso, se trata de uma perda considerada normal. Supondo que esse peixe tenha custado $ 500 e por se tratar de uma perda normal, todo esse gasto será considerado custo. Por outro lado, suponha uma perda anormal, algo não previsto, um acidente. Nesse caso será considerada uma despesa afetando diretamente ao resultado.

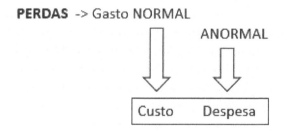

Logo, nas atividades agrícolas devido a suas características, as perdas anormais provenientes de geadas, excesso ou falta de chuvas, granizo dentre outras diversas possibilidades, poderá causar a perda completa ou parcial da safra, e nesses casos deve-se providenciar a baixa do ativo e seu lançamento como despesa operacional impactando no resultado. Caso tenham cobertura de algum tipo de seguro não haverá mudança no procedimento de escrituração.

Conforme Marion (2020) situações adversas como simples frustração ou retardamento da safra não são consideradas perdas, por outro lado, perdas normais inerentes ao processo serão alocadas no CPV – Custo do Produto Vendido.

Na atividade agrícola ou pecuária, por se tratar, de produtos vivos, sejam plantas, sejam rebanhos, já há estatisticamente um número de mortes previstas durante a formação ou criação. Se as mortes ocorridas estiverem dentro do estatisticamente aceitável serão consideradas perdas normais e, portanto, consideradas custos. Caso contrário, se ocorrerem mortes fora dos padrões aceitáveis, essas serão consideradas anormais e, portanto, consideradas despesas.

6.1.5.1 Exemplo 1 – Perdas

Dada a premissa de que em um rebanho sejam aceitáveis como normal até 10% de mortes e supondo um rebanho de 100 animais a um custo total de $ 10.000, como contabilizar as perdas abaixo:

a) ocorreram 6 mortes no período.

b) ocorreram 12 mortes no período.

Resolução

Considerando 10% um valor aceitável de mortes em um rebanho e considerando esse rebanho de 100 animais, teremos a morte de até 10 animais consideradas normais.

Na situação a) tivemos 6 mortes, logo dentro da normalidade, portanto, o valor do estoque que é $ 10.000 não se alterará, entretanto, o custo unitário que era $ 100 ($ 10.000/100) passará a ser de $ 106,38 ($ 10.000/94).

• Estoque total - $ 10.000

• Estoque unitário - $ 106,38

Na situação b) tivemos 12 mortes.

Nesse caso, temos duas opções:

Podemos considerar, até 10 animais como mortes normais, portanto, a custo, e 2 animais considerados mortes anormais e, portanto, despesas.

- Estoque total - $ 10.000 – 2 animais $ 100/cada = $ 9.800
- Estoque unitário - $ 113,63 (10.000/88)

Ou, considerar as 12 mortes como anormais e alocá-las como despesas.

- Estoque total - $ 8.800 ($10.000 - $1.200)
- Estoque unitário - $ 100 ($ 8.800/88)

Pode haver controvérsias quanto aos métodos escolhidos, mas a escolha do melhor método dependerá das circunstâncias e será escolhida pelo gestor.

6.2 Gastos fixos x Gastos Variáveis

Essa classificação está relacionada ao volume de produção e/ou vendas no período e indicam que os custos e despesas podem ser fixos ou variáveis.

Os gastos fixos são aqueles que não oscilam proporcionalmente conforme o volume de produção e/ou de vendas. Por exemplo, pagamento do aluguel de máquinas agrícolas, manutenção de um equipamento. Desde que a capacidade instalada não se altere e sejam necessárias novas máquinas, os gastos permanecerão os mesmos independentemente de terem trabalhado mais ou menos. Portanto, são gastos que existem mesmo que não haja produção e/ou vendas, e podem ser custos ou despesas. Importante salientar que o fato dos gastos serem fixos não significa que não variem; eles só não variam em função da produção e/ou vendas, mas variam em função do tempo.

Já os gastos variáveis são aqueles que variam em relação ao volume de produção e/o de vendas. O exemplo clássico é o de insumos agrícolas, já que quanto maior a área plantada, maior o volume de insumos gastos.

Outro ponto que devemos atentar é a de que um mesmo gasto pode ser fixo em algumas situações e variável em outras. Por exemplo, frete de insumos pagos na compra (maior volume em função de maior produção) e frete referente a um item específico que não irá alterar significativamente o volume produzido/vendido.

As relações de proporção entre os gastos fixos e variáveis possibilitam aos gestores identificar os volumes a serem produzidos e/

ou vendidos de acordo com a receita e resultado planejado pela empresa. Essa relação possibilita a **tomada de decisão** pelo aumento ou redução dos volumes produzidos ou vendidos, continuidade ou não de determinado produto em linha, cliente atendidos ou não, ou mesmo unidades fabris em produção. Através dessas relações de volume x gasto x preço podemos elaborar índices como: Margem de contribuição, Ponto de equilíbrio e Alavancagem operacional.

Uma característica interessante em relação aos gastos fixos é a de que eles são fixos quando tratados pelo valor total, mas são variáveis quando tratados unitariamente. E relação aos gastos variáveis, o inverso também é verdadeiro, eles são variáveis quando tratados pelo valor total, porém, são fixos quando tratados unitariamente.[15]

RELAÇÃO DE GASTOS FIXOS E VARIÁVEIS, UNITÁRIOS E TOTAIS						
volume produzido ou vendido	gasto fixo total	gasto fixo unitário	volume produzido ou vendido	gasto variável total	gasto variável unitário
0	1.000,00		0	-	1,00
10	1.000,00	100,00	10	10,00	1,00
50	1.000,00	20,00	50	50,00	1,00
100	1.000,00	10,00	100	100,00	1,00
500	1.000,00	2,00	500	500,00	1,00
1000	1.000,00	1,00	1000	1.000,00	1,00

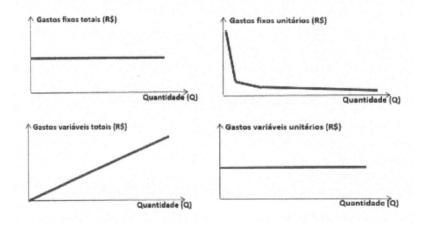

---

[15] Atentar que essa situação pode não ser verdadeira sob influência de variáveis de mercado, como, por exemplo, a negociação de preços com os fornecedores em função de volumes comprados etc.

6.2.1 Custos fixos e variáveis

Os custos fixos estão associados à produção. Exemplos clássicos podem ser apresentados através de gastos com aluguéis (da terra, do pasto), depreciação dos equipamentos de produção, salários (fixos) dos funcionários da produção, pois independente dos volumes produzidos seus valores serão os mesmos.

Os custos variáveis estão associados à produção. Exemplos clássicos podem ser apresentados através de gastos com sementes, adubos, agrotóxicos, outros componentes e insumos de produção, materiais de embalagem etc., pois quanto maior a produção, maior o consumo.

6.2.2 Despesas fixas e variáveis

As despesas fixas estão associadas a administração/vendas. Como, por exemplo, salários dos funcionários administrativos, aluguel do escritório, pois independente dos volumes de vendas seus valores serão os mesmos.

As despesas variáveis estão associadas a principalmente a vendas, através da comissão dos vendedores que varia em função do volume de vendas.

6.3 Custos Diretos x Custos Indiretos

Com relação aos custos temos ainda os custos diretos e indiretos. Os custos diretos são facilmente ou diretamente atribuíveis a cultura, ao contrário dos custos indiretos em que não se tem exatamente o quanto foi alocado a determinada cultura.

6.3.1 Custos Diretos

Na agricultura em uma monocultura, todos os custos são diretos, pois qualquer que seja o insumo ou serviço, ele será aplicado naquela cultura. Já em culturas diferentes, somente os insumos que forem específicos àquela cultura poderão ser considerados diretos, como, por exemplo, as sementes. Todos os demais serão considerados custos indiretos. São chamados de MD – material direto.

6.3.2 Custos Indiretos

Já os custos indiretos não podem ser claramente identificados com as culturas elaboradas. Normalmente são alocados a essas culturas através de algum critério de rateio. Na agricultura, são os insumos que serão utilizados por diversas culturas diferentes, em quantidades diferentes e que precisarão ser rateados por algum critério entre essas diversas culturas. São chamados de CIF – Custos indiretos de fabricação.

6.4 Métodos de Custeio

Apenas a título de contextualização já que não é nosso objetivo nos aprofundarmos no custeio nem de inventário propriamente, citamos os métodos mais utilizados, sendo geralmente o método por absorção para efeito fiscal e o método variável para efeito gerencial. Diversas literaturas específicas sobre o tema podem ser encontradas no mercado editorial para os que desejarem se aprofundar no assunto.

6.4.1 Custeio por absorção

Apropria todos os custos de produção aos produtos elaborados de forma direta ou indireta através de rateios. O método combina custos fixos e variáveis e é desaconselhável como instrumento gerencial já que a necessidade de rateio dos custos fixos, poderá levar a alocações irreais, levando os gestores a decisões equivocadas. Geralmente é o método de custeio fiscal oficial.

6.4.2 Custeio Variável

Apropria todos os gastos (custos e despesas) variáveis, sejam diretos ou indiretos. Os gastos fixos seguem diretamente para o resultado, como despesas. Os estoques serão avaliados pelos gastos variáveis. A diferença entre a receita e os gastos variáveis é a margem de contribuição, excelente índice para análise, que pode ser elaborado por produto, ou por grupo de produtos, por setor produtivo ou até por fazenda. A separação entre custos variáveis e custos fixos facilita a análise da relação custo-volume-lucro.

6.5 Métodos de inventário

6.5.1 Inventário Periódico

Como o próprio nome diz é realizado periodicamente através de inventários físicos e tem como ponto negativo permanecerem com o valor dos estoques e principalmente e mais preocupante, com custo dos produtos vendidos (CPV) desatualizados durante o exercício, até a execução do próximo inventário quando esses valores serão então atualizados. Não é recomendado pelos mesmos motivos.

6.5.2 Inventário permanente

É o mais utilizado nas atividades agrícolas e pecuárias. Mantém os valores dos estoques bem como dos custos dos produtos vendidos (CPV) atualizados a qualquer momento. Isso depende, claro, de que a ferramenta utilizada para registro seja atualizada constantemente, se possível diariamente através dos registros de todas as entradas e saídas ocorridas na propriedade bem como o registro de todos os insumos consumidos, colheitas efetuadas etc. Havendo uma boa organização documental e disciplina é possível fazê-lo em poucos minutos em uma pequena ou média propriedade, dependendo da complexidade e volume de suas operações. Nesse mesmo processo, demais informações financeiras também acabam sendo atualizadas, como, por exemplo, as contas a pagar e receber, mantendo os ativos e passivos atualizados. Não havendo possibilidade de aquisição de um sistema aplicativo específico, mais uma vez sugerimos o uso de no mínimo planilhas eletrônicas.

6.6 Método de custos x Método a valor de mercado (Valor Justo)

Basicamente as diferenças de apuração entre cada método refere-se a tratativa dos estoques e da apuração da receita e a variação do valor justo.

6.6.1 Método de custo

Estoque – é mensurado pela apropriação dos custos de produção e manutenção diretamente aos estoques com contrapartida com contas de resultados.

Receita – é realizada apenas na venda/entrega do produto independentemente de entrada ou saída de recursos em caixa.

No encerramento do período, as contas de despesas são confrontadas com as contas de receitas e o resultado (lucro ou prejuízo) é apurado. Logo, a apuração do resultado só ocorre no encerramento do exercício.

6.6.2 Método do valor justo

Estoques – é mensurado pelo valor justo, ou seja, quanto vale o produto (valor de mercado) deduzida as despesas referentes à venda.

Variação do valor justo – é reconhecida a cada encerramento do período, de acordo com a evolução da cultura, independente se a cultura foi ou não vendida.

Nesse caso, o resultado é apurado através da variação do valor justo e já demonstrada na DRE de encerramento do exercício. Caso a variação do valor justo tenha sido superior que o custo incorrido na produção, a diferença (ajuste ao valor justo) será lançada como uma variação patrimonial positiva, ou superveniências ativas, ou seja, é uma espécie de lucro. Trata-se, porém, de um lucro econômico em função de uma valorização do estoque, e não um lucro financeiro. Da mesma forma, se a variação do valor justo tenha sido inferior que o custo incorrido na produção, a diferença (ajuste ao valor justo) será lançada como uma variação patrimonial negativa, ou insubsistência ativas, ou seja, um prejuízo. Trata-se de um prejuízo econômico e não financeiro. Ambas, tanto subsistências como insubsistências ativas são lançadas como receitas operacionais.

Por ocasião da venda do rebanho, ocorrerá a realização financeira do lucro econômico, onde se efetua a baixa dos estoques debitando-se, em contrapartida, a conta do CPV – Custo do Produto (agrícola) vendido e o lançamento da Receita com Vendas/Variação Patrimonial pelo valor dos estoques a preço de mercado com contrapartida debitada caixa ou duplicatas a receber (clientes).

7 ATIVIDADE AGRÍCOLA

Consideramos a atividade agrícola como sendo o cultivo do solo. O prefixo agro tem origem no verbete latino *agru* que significa terra cultivada ou cultivável. Alguns teóricos incluem como atividade agrícola também a pecuária (gado leiteiro ou de corte), a apicultura, a avicultura, a suinocultura e a piscicultura. Entretanto, nos casos citados optamos nesse livro por abarcá-los para efeito didático, dentro da atividade pecuária, ramo da zootecnia.

A agricultura em diversos países do mundo é encarada como questão de segurança nacional, inclusive com uma política de formação de estoques reguladores. No Brasil não é diferente.

A Lei Agrícola nº 8.171/1991 – estabelece em seu Art. 3º:

> "[...]
> São objetivos da política agrícola:
> I - na forma como dispõe o art. 174 da Constituição, o Estado exercerá função de planejamento, que será determinante para o setor público e indicativo para o setor privado, destinado a promover, regular, fiscalizar, controlar, avaliar atividade e suprir necessidades, visando assegurar o incremento da produção e da produtividade[16] agrícolas, a regularidade do abastecimento interno, especialmente alimentar, e a redução das disparidades regionais."

---

[16] É uma métrica que mede a relação entre os recursos disponíveis e o trabalho entregue.

A atividade agrícola pode ser dividida em 2 grandes grupos:

a) Cultura hortícola e forrageira, com produtos agrícolas que não são provenientes de árvores, como cereais, hortaliças, especiarias, fibras, floricultura, tubérculos e oleaginosas, dentre outras.

b) Arboricultura com produtos agrícolas provenientes de árvores, como florestamento, pomares, vinhedos etc.

7.1 Exercício social

Por imposição do regulamento do imposto de renda, no Brasil, o exercício social deve coincidir com o ano civil, compreendendo o período entre 1 de janeiro e 31 de dezembro. Para a atividade agrícola, em função de seu ciclo operacional diferenciado, isso ocasiona algumas dificuldades na contabilidade gerencial devido ao ciclo operacional da produção ser diferenciado. O ideal é manter uma base de dados específica para atender ao controle gerencial que atenda ao ciclo operacional da produção.

Normalmente o encerramento do ano agrícola se dá com a venda da safra logo após a colheita. Porém, dependendo do produto e características de mercado, alguns produtos são armazenados após a colheita aguardando o momento adequado para comercialização, normalmente em função de melhores preços de venda. Nesse caso, o ano agrícola é considerado o término da colheita, e o estoque armazenado de safra anterior compõe o chamado estoque de passagem.

Do ponto de vista gerencial o ideal é que o encerramento ocorra logo na sequência da colheita e venda, pois dessa forma as despesas e receitas referem-se ao mesmo processo de formação, facilitando a apuração do resultado e a análise de desempenho da safra.

No Brasil, o ano agrícola tem seu início em setembro, no fim do inverno e no início da primavera. É importante que os produtores sigam o calendário agrícola de sua região, que é elaborado considerando determinadas condições, tais como, temperatura, precipitação anual, velocidade dos ventos e umidade relativa do ar e ainda informações sobre a época de semeadura e colheita de diversas culturas ao longo do ano.

Apenas para exemplificar, apresentamos a seguir o calendário agrícola da região sudeste do Brasil de 2021, elaborado por EsalqJr-Consultoria (2023).

CULTIVO	PLANTIO	COLHEITA
Algodão	Outubro	Março a julho
Alho	Março	3 a 4 meses depois
Amendoim	Setembro	Dezembro a março
Batata	Abril	3 a 4 meses depois
Café	Outubro	Abril a setembro
Cana-de-açúcar	Outubro	Abril a setembro
Tomate	Agosto	***
Feijão	Outubro	Janeiro a abril
Milho	Outubro	Janeiro a junho
Mandioca	Setembro	Março a julho
Uva	Junho	Outubro a dezembro
*** - colheita com data indeterminada		

Veja que a produção apresenta agrícola apresenta colheitas em períodos diferentes do ano e no caso de haver culturas conjugadas (na mesa propriedade) recomenda-se que o ano agrícola considere a cultura de maior valor econômico.

Por exemplo, vamos selecionar quatro produtos aleatoriamente, apresentando a data da colheita e a receita realizada por cada um deles em relação ao total:

CULTIVO	PLANTIO (mês)	COLHEITA (mês)	% da receita em relação ao total
Algodão	Outubro	Julho	15%
Batata	Abril	Julho	10%
Feijão	Outubro	Abril	60%
Uva	Junho	Dezembro	15%

Nesse caso, o encerramento contábil deve ter sido feito preferencialmente em abril, pois a cultura do feijão foi a mais rentável, expressando o maior faturamento (%). Mas note também que em abril, duas culturas estavam em pleno desenvolvimento (algodão e batata), pois seriam colhidas somente em julho. Nesse caso, como foi contabilizado o algodão e a batata no resultado? Do ponto de vista fiscal, não foi possível contabilizar, já que em abril, a venda e entrega ainda não havia ocorrido, mas para qualquer efeito gerencial, uma alternativa seria estimar as culturas em formação, por meio da mensuração a valor justo dos ativos biológicos em abril e caso necessário trabalhar esses valores em alguma análise gerencial. Por outro lado, permanecem os gastos referentes aos custos dessa cultura em formação que no encerramento do período será comparado ao valor justo de ativos biológicos com contrapartida em conta de resultado de ganhos ou perdas.

7.1.1 Proposta de Plano de Contas Agrícola

Segue uma planificação simplificada de contas envolvendo os dois tipos de cultura para que possamos exemplificar algumas operações na sequência. Não se deseja exemplificar um plano de contas geral, mas enfatizar contas usuais referentes à atividade agrícola.

Nesse caso, no ativo circulante estoques, são apresentados, como exemplo, os subgrupos "Insumos", representado as matérias-primas necessárias ao plantio, "Produtos agrícolas" representando o produto final elaborado após a colheita e disponibilizado para venda.

Em relação às culturas permanentes, é apresentado no ativo circulante –ativos biológicos, a conta "Colheitas em andamento". Essa conta caracteriza-se como sendo o momento da colheita da cultura permanente, que normalmente é realizada em período de 12 meses ou menos, onde ocorrem gastos específicos da colheita, tais como mão de obra, produtos químicos, irrigação, secagem, inseticidas, serviços de terceiros, depreciação/exaustão etc. durante todo o ciclo de floração, formação e maturação do produto, (que normalmente é menor que 12 meses). A colheita caracteriza-se, portanto, em estoques, transferidos para "Produtos agrícolas" destinados à venda.

Ainda em relação às culturas permanentes a formação da cultura permanente é considerada ativo não circulante – imobilizado – ativos biológicos a conta "Culturas permanentes em formação" onde os principais custos a serem acumulados são, conforme Marion (2021), adubação, formicidas, forragem, fungicidas, herbicidas, mão de obra, encargos sociais, manutenção, arrendamento de equipamentos e terras, seguro da cultura, preparação do solo, serviços de terceiros, sementes, mudas, produtos químicos, depreciação dos equipamentos utilizados na cultura etc.

Além dessa conta, também temos no ativo não circulante – imobilizado – ativos biológicos, temos também a conta "Culturas permanentes formadas" quando a cultura permanente atinge a sua maturidade e recebe os custos acumulados da "Culturas permanentes em formação". A partir daí, na fase produtiva, os custos passam a acumular na conta "Culturas permanentes formadas", assim como as depreciações que ocorrem na colheita dos frutos.

Todas as contas sintéticas citadas devem conter separadamente a conta das culturas que as compõem.

Os ativos biológicos devem ser mensurados ao valor justo a cada data de balanço, e no momento da colheita sendo a diferença com o custo lançada em conta de ajuste de valor justo tendo por contrapartida um resultado de ganho ou perda.

Plano de Contas – agrícola

Ativo
Ativo Circulante
  Estoques
    Insumos
      sementes
      fertilizantes
      adubos...
    Produtos Agrícolas
      Soja
      Milho
      Arroz...
  Ativos Biológicos
    Culturas temporárias em formação
      Soja
      Milho
      Arroz...
    Culturas permanentes em formação (planta portadora)
      Algodão...
    Colheitas em formação (fruto)
      Algodão...
    Colheitas em andamento (fruto)
Ativo não circulante
  Imobilizado
    Ativos Biológicos
      Culturas permanentes formadas
        Pastos naturais
        Pastos artificiais
        Café
        Algodão...
        (-) depreciação
        (-) exaustão

7.2 Conceito de cultura temporária e permanente

7.2.1 Cultura temporária (perene ou anual)

São aquelas que exigem o replantio a cada safra. Podem ser culturas diversas, mas também podem ser monoculturas. Geralmente o período de vida é curto (até 12 meses), por isso, também chamadas de cultura anual. Temos como exemplo: soja, milho, trigo, arroz, feijão, batata, legumes etc. Note que após a colheita são arrancadas do solo para que seja realizado um novo plantio.

No caso de uma monocultura, todos os custos podem ser apropriados diretamente, entretanto, havendo culturas diferentes os custos indiretos terão que ser alocados para cada cultura através de algum critério de rateio.

Em relação à cultura temporária, todos os custos com a formação do plantio **tais** como sementes, mudas, fertilizantes, inseticida, mão de obra, demarcações, depreciações etc. são contabilizados na conta ativo circulante – ativos biológicos – culturas temporárias em formação (ou conforme alguns autores culturas temporárias em andamento ou mesmo estoques em andamento). Designar cada uma delas pelo produto cultivado, os quais ao final da colheita serão transferidos para ativo circulante – estoques – produtos agrícolas. Todas essas contas fazem parte do ativo circulante.

O ideal é que todas as contas citadas contenham separadamente uma conta específica da cultura que as compõem. Exemplo: arroz, feijão, batata etc.

Conforme vimos há dois métodos para avaliação desse tipo de cultura:

- Método de custo
- Método do valor justo

O CPC 29 manda que todos os ativos biológicos sejam avaliados pelo valor justo e como exceção pelo custo. Entretanto, alguns produtores acabam optando pelo custo em função de culturas com prazos de formação muito curtos que dificultam a apuração ao valor justo ou ainda com alegação de que a produção servirá como matéria-prima para produção de outros produtos e, portanto, não estariam disponíveis para venda.

7.2.1.1 Exemplo 1 – Cultura temporária considerando o método de custo

Apenas para efeito de exemplo, pois não é a maneira correta de se contabilizar (devemos aplicar o valor justo) um processo de plantio / colheita de uma cultura de arroz.

Saldo inicial de caixa $ 2.000

a) Custo inicial dos insumos (preparo da terra, adubos, sementes, mão de obra direta etc.) para plantio no valor de $ 800, pagos em dinheiro.

b) Colheita ao custo de $ 150

c) Venda do produto agrícola por $ 2.000 com despesa com vendas de $ 100

Caixa			Ativo Biológico Culturas temporárias em formação Arroz			Estoques Produtos Agrícolas Arroz			Despesa c/ Vendas	
si	2.000,00	800,00 a	a	800,00		b	150,00		c1	100,00
c	2.000,00	150,00 b				b1	800,00			
	4.000,00	950,00 a		800,00	800,00 b1		950,00	950,00 c2		100,00
	3.050,00	100,00 c1								
	2.950,00									

Vendas		CPV	
	2.000,00 c	c2	950,00

Partidas no Diário			
Opera-ção	D/C	Contas Contábeis	Valor $
a)	D	A.B. Culturas temporárias em formação – Arroz	
	C		800
		Caixa	
b)	D	Estoques Produtos Agrícolas – Arroz	
	C	Caixa	150
b1)	D	Estoques Produtos Agrícolas – Arroz	
	C	A.B. Culturas temporárias em formação – Arroz	800
c)	D	Caixa	
	C	Vendas	2.000

Partidas no Diário			
Opera-ção	D/C	Contas Contábeis	Valor $
c1)	D	Despesas com vendas	
	C	Caixa	100
c2)	D	CPV	
	C	Estoques Produtos Agrícolas – Arroz	950

DRE – Demonstração do Resultado do Exercício	
Receita de Vendas	2.000
(-) CPV	950
Ajuste do valor justo	0
(=) Lucro Bruto	1.050
(-) Despesas com vendas	100
(=) Lucro da atividade	950

Balanço Patrimonial – BP			
ATIVO		PASSIVO	
Caixa	2.950	PL	
		Capital	2.000 950
		Lucro	
Total Ativo	2.950	Total Passivo + PL	2.950

7.2.1.2 Exemplo 2 – Cultura temporária considerando o método do valor justo

a) Custo inicial dos insumos (preparo da terra, adubos, semen-tes, mão de obra direta etc.) para plantio no valor de $ 800, pagos em dinheiro. (para facilitar o entendimento não con-siderei os estoques dos insumos, seria como se tivéssemos comprado e já aplicado à lavoura).

b) A produção atinge uma formação significativa e é definido um valor justo de $ 1.500 (somente a plantação)

- Nesse ponto, o ativo biológico que inicialmente valia a preço de custo $ 800, foi avaliado ao valor justo de $ 1.500, logo, a diferença a ser ajustada é de $ 700, houve um ganho, sendo debitada em uma conta temporária "Ativo Biológico – Valor Justo Arroz" e creditada em uma conta de resultado "Resultado Ajuste Valor Justo Arroz".
  - Ajuste ao valor justo = Valor justo - custo
  - 700 = 1.500 - 800
- Notem que se o valor de custo fosse superior ao valor justo, creditaríamos a conta "Ativo Biológico – Valor Justo – Arroz" e debitaríamos a conta de resultados "Resultado Ajuste valor justo – Arroz".

c) Estimada uma despesa com vendas de $ 100

- É necessária a estimativa das despesas com vendas, pois no momento da colheita, a mensuração ao valor justo deve subtrair as despesas com vendas.

d) Colheita ao custo de $ 150 sem alteração do valor justo em relação ao momento anterior.

- O produto agrícola colhido dos ativos biológicos deve ser mensurado ao valor justo subtraindo-se as despesas com vendas (no momento da colheita). Para esse exemplo, consideramos que no momento da colheita não houve variação do valor justo.

A partir desse ponto, em que os valores gastos na colheita, mais o ajuste ao valor justo, mais os gastos na formação da cultura são transferidos para os estoques de produtos agrícolas, deixa de vigorar o CPC 29 e passa a vigorar o CPC 16 (em relação à conta estoques).

e) Venda do produto agrícola por $ 2.000

- Na venda a despesa com vendas é incorrida e, no caso, sendo paga em dinheiro, é creditada do Caixa e debitada no resultado como despesa. Além disso, é dada baixa do Estoque – Produção Agrícola – Arroz e lançado o CPV – Custo do Produto (agrícola) vendido.

Contabilidade Gerencial Rural e Ambiental

Caixa

si	2.000,00	800,00	a
e	2.000,00	150,00	d
	4.000,00	950,00	
	3.050,00	100,00	e1
	2.950,00		

Ativo Biológico Culturas temporárias em formação Arroz

a	800,00		d
	800,00	800,00	dx

Estoques Produtos Agrícolas Arroz

dx	150,00		
	800,00		
dy	450,00		
	1.400,00	1.400,00	e2

Despesa c/ Vendas

e1	100,00	
	100,00	

Valor Justo Arroz

b	700,00	100,00	c
		150,00	d1
	700,00	250,00	
	450,00	450,00	dy

Resultado Ajuste Valor Justo Arroz

c	100,00	700,00	b
d1	150,00		
	250,00	700,00	
	250,00	450,00	

Vendas

	2.000,00	e

CPV

e2	1.400,00	

Partidas no Diário			
Operação	**D/C**	**Contas Contábeis**	**Valor $**
a)	D C	A.B.[17] Culturas temporárias em formação – Arroz Caixa	800
b)	D C	Valor Justo – Arroz Ajuste Valor Justo – Arroz Note que esse valor positivo (1.500 – 800 = 700) já representa um lucro, no caso, um lucro econômico e não um lucro financeiro. Sem ainda não ter vendido nada, já é apresentado um lucro! (mas também poderia ser uma perda)	700
c)	D C	Ajuste Valor Justo – Arroz Valor Justo – Arroz	100
d)	D C	Estoques Produtos Agrícolas – Arroz Caixa	150

---

[17]   A.B. – Ativo(s) Biológico(s)

Partidas no Diário			
Operação	**D/C**	**Contas Contábeis**	**Valor $**
d1)	D	Ajuste Valor Justo – Arroz	
	C	Valor Justo – Arroz	150
dx)	D	Estoques Produtos Agrícolas – Arroz	
	C	A.B. Culturas temporárias em formação – Arroz	800
dy)	D	Estoques Produtos Agrícolas – Arroz	
	C	Valor Justo – Arroz	450
e)	D	Caixa	
	C	Vendas	2.000
e1)	D	Despesas com vendas	
	C	Caixa	100
e2)	D	CPV	
	C	Estoques Produtos Agrícolas – Arroz	1.400

DRE – Demonstração do Resultado do Exercício	
Receita de Vendas	2.000
(-) CPV	1.400
Ajuste do valor justo	450
(=) Lucro Bruto	1.050
(-) Despesas com vendas	100
(=) Lucro da atividade	950

Balanço Patrimonial – BP			
ATIVO		**PASSIVO**	
Caixa	2.950	PL	
		Capital	2.000
		Lucro	950
Total Ativo	2.950	Total Passivo + PL	2.950

7.2.2 Cultura permanente (semiperene)

São aquelas que permanecem vinculadas ao solo através das plantas portadoras e que durem mais de 1 ano (normalmente atribui-se uma duração mínima de 4 anos) e permitam mais de uma colheita, como, por exemplo, a cana-de-açúcar, a citricultura, a cafeicultura, silvicultura, praticamente todas as frutas arbóreas etc. Também a formação de florestas como pinus, eucaliptos etc.

Em relação à cultura permanente, todos os custos com a **formação** da planta portadora, tais como sementes, mudas, fertilizantes, inseticida, mão de obra, demarcações etc. são contabilizados na conta ativo circulante – ativos biológicos – culturas permanentes em formação, já os custos referentes à **manutenção** da planta portadora já produzindo, tais como fertilizantes, inseticidas, mão de obra etc., são contabilizados no ativo não circulante – imobilizado – ativos biológicos – culturas permanentes formadas. Ao final terão seus frutos colhidos e transferidos para ativo circulante – estoques – produtos agrícolas.

O ideal é que todas as contas citadas contenham separadamente uma conta específica da cultura que as compõem. Exemplo: café, algodão, laranja etc.

Conforme vimos, o CPC 29 indica que os todos os ativos biológicos devam ser avaliados pelo valor justo e como exceção pelo custo. Mas no caso da cultura permanente, a necessidade da apuração pelo método do valor justo fica mais bem justificado.

Imagine uma cultura de reflorestamento, que dependendo da árvore (tipo de madeira) exige vários anos até sua maturação, corte e venda. Se a opção for o método de custo, durante todo esse período de maturação não haverá receitas sendo apuradas, já que por esse método a receita só é realizada na venda/entrega do produto. Pelo método de custo, a receita só será apurada na venda o que faz com que nesse caso apareça ao final de alguns anos uma receita que, na verdade, foi sendo formada durante vários anos, no período de formação da cultura. O método do valor justo permite que a cada período de formação ao ajustar ao valor justo já se identifique um possível ganho (lucro) pela diferença entre as despesas e o valor ajustado.

Dadas as explicações vamos a um exemplo.

Para facilitar o entendimento, podemos considerar a ocorrência de 4 etapas relativas à cultura permanente:

1. A formação da planta portadora

   D- Culturas permanentes em formação (AC – A.B.)

   C- Insumos (AC – Estoques)

   - Trata-se da formação das plantas portadoras, que pode demorar um longo período de maturação, onde os principais custos a serem acumulados são, conforme Marion (2021), adubação, formicidas, forragem, fungicidas, herbicidas, **mão de obra**, encargos sociais, manutenção, arrendamento de equipamentos e terras, seguro da cultura, preparação do solo, serviços de terceiros, sementes, mudas, produtos químicos, depreciação dos equipamentos utilizados na cultura etc.

2. A planta portadora madura e apta para produção

   D- Culturas permanentes formadas (ANC – imobilizado – A.B.)

   C- Culturas permanentes em formação (AC – A.B.)

   - Trata-se da formação das plantas portadoras ter se encerrado estando está apta iniciar a produção de seus "frutos".

3. A formação dos "frutos" na planta portadora

   D- Colheitas em formação (AC – A.B.)

   C- Insumos (AC – Estoques)

   - Trata-se da formação dos "frutos' a partir das plantas portadoras, estando aptas para produção, o que também demanda tempo e onde os principais custos a serem acumulados são, por exemplo, formicidas, fungicidas, herbicidas, mão de obra, encargos sociais, manutenção etc. São os chamados tratos culturais.

4. A colheita dos frutos formados
   D- Colheita em andamento (AC – A.B.)
   C- Colheita em formação (AC – A.B.)

- Após a formação dos "frutos' os custos incorridos são transferidos de contas (de em formação para em andamento).
  D- Colheita em andamento (AC – A.B.)
  C- Insumos (AC – Estoques)

- Nesse ponto ocorre a colheita de fato, onde também incidem custos tais como, por exemplo, mão de obra, encargos sociais, depreciação etc.
  D- Produtos Agrícolas (AC – Estoques)
  C- Colheita em andamento (AC – A.B.)

- Encerrada a colheita dos "frutos", esses são transferidos para os estoques de produtos agrícolas, à espera da venda.

A conta produtos agrícolas será baixada conforme ocorrerem as vendas tendo como contrapartida o Custo dos Produtos (agrícolas) vendidos – CPV. Cabe uma observação em relação ao tratamento de embalagens e/ou beneficiamentos: serão tratados como custos somente se necessários/obrigatórios ao produto, caso contrário, devem ser considerados como despesas.

Considerando que no exemplo, "Insumos" são todos os custos possíveis relativos às operações de plantio, manutenção e colheita e é aconselhável que todas as contas sintéticas citadas devam demonstrar separadamente as culturas que as compõem.

7.2.2.1 Exemplo 3 – Cultura permanente considerando o método de custo

Apenas para efeito de exemplo, sem considerar ajuste ao valor justo, um processo de plantio / colheita de uma cultura de laranja.

Saldo inicial de insumos e fornecedores $ 1.000.

Todas as transações em dinheiro e consideram-se insumos todos os custos necessários em cada etapa do processo.

a) Plantio das plantas portadoras com custos totais $ 500

b) Plantas portadoras atingem a maturidade e ficam aptas a produzir frutos
c) Período de formação dos frutos ao custo de $ 200
d) Colheita efetiva dos frutos formados ao custo de $ 100
e) Término da colheita e venda do produto por $ 500

Partidas no Diário			
Operação	D/C	Contas Contábeis	Valor $
a)	D	A.B. Culturas permanentes em formação – Laranja	
	C		500,00
		Estoques – Insumos	
b)	D	A.B. Culturas permanentes formadas – Laranja	
	C		500,00
		A.B. Culturas permanentes em formação – Laranja	
c)	D	A.B. Colheita em formação – Laranja	
	C	Estoques – Insumos	100,00
d)	D	A.B. Colheita em andamento – Laranja	
	C	A.B. Colheita em formação – Laranja	200,00
d1)	D	A.B. Colheita em andamento – Laranja	
	C	Estoques – Insumos	100,00
d2)	D	A.B. Estoques Produtos agrícolas – Laranja	
	C		300,00
		A.B. Colheita em andamento – Laranja	
e)	D	Caixa	
	C	Vendas	500,00
e1)	D	CPV	
	C	A.B. Estoques Produtos agrícolas – Laranja	300,00

T-Accounts (Razonetes)

(AC) Estoques insumos

si	1.000,00	500,00	a
		200,00	c
		100,00	d1
	1.000,00	800,00	
	200,00		

(AC) A.B. Culturas permanentes em formação Laranja

| a | 500,00 | 500,00 | b |

(AC) Estoques Produtos Agrícolas

| c | 300,00 | 300,00 | e1 |

(ANC) A.B. Culturas permanentes formadas Laranja

| b | 500,00 | | |

(AC) A.B Colheita em formação Laranja

| c | 200,00 | 200,00 | d |

(AC) A.B. Colheita em andamento Laranja

d	200,00		
d1	100,00		
	300,00	300,00	d2

Caixa

| e | 500,00 | | |

Vendas

| x | 500,00 | 500,00 | e1 |

CPV

| e1 | 300,00 | 300,00 | y |

ARE

| y | 300,00 | 500,00 | x |

DRE – Demonstração do Resultado do Exercício	
Receita de Vendas	500,00
(-) CPV	300,00
(=) Lucro Bruto	200,00

Balanço Patrimonial – BP			
ATIVO		**PASSIVO**	
Caixa	500,00	Fornecedores	1.000,00
Insumos	200,00	Lucro	200,00
Cultura permanente formada - Laranja	500,00		
Total Ativo	1.200,00	Total Passivo + PL	1.200,00

7.2.2.2 Exemplo 4 – Cultura permanente considerando o método do valor justo

Nesse exemplo vamos considerar um reflorestamento de pinus, utilizando 4 períodos:

(i.) Saldos iniciais

Caixa $ 1.000 (500)

Terras cultiváveis $ 3.000 (2.000)

(ii.) 1º período

a) Plantio das mudas (árvores) com custos totais $ 700 (200)

b) Tratos culturais $ 300 (30)

c) No encerramento do 1º Período determinou-se o valor justo da plantação em $ 1.500 (270)

(iii.) 2º período
d) Tratos culturais $ 300 (10)
e) No encerramento do 2º Período determinou-se o valor justo da plantação em $ 2.100 (300)

(iv.) 3º período
f) Tratos culturais $ 250 (15)
g) Gastos com a colheita $ 600 (35)
h) No encerramento do 3º Período determinou-se o valor justo no ponto da colheita em $ 3.000 (380)
i) Venda de todo o estoque por $ 3.000 (380)

Resolução Exemplo 4

ii.	1o.período		iii.	2o.período		iv.	3o.período	
	Vlr.justo	1.500,00		Vlr.justo	2.100,00		Vlr.justo	3.000,00
	(-) custo	1.000,00		(-) custo	1.300,00		(-) custo	2.150,00
	(=) ajuste	500,00		(-) anterior	500,00		(-) anterior	800,00
				(=) ajuste	300,00		(=) ajuste	50,00

O encerramento de cada período foi estipulado um valor justo, que comparado ao custo até o período resulta no ajuste a ser feito.

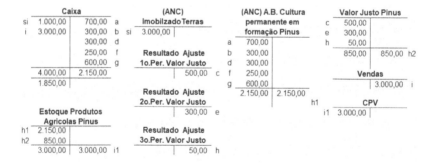

Balanço Patrimonial – BP			
ATIVO		**PASSIVO**	
Caixa (AC)	1.850,00	Capital (PL)	3.000,00
Terras cultiváveis (ANC)	2.000,00	Lucros Acumulados	850,00
Total Ativo	3.850,00	Total Passivo + PL	3.850,00

DRE – Demonstração do Resultado do Exercício – 1º Período	
Receita de Vendas	0,00
Pinus	0,00
(-) CPV	0,00
Pinus	0,00
Variação do Valor Justo	500,00
(=) Lucro Bruto	500,00

DRE – Demonstração do Resultado do Exercício – 2º Período	
Receita de Vendas	0,00
Pinus	0,00
(-) CPV	0,00
Pinus	0,00
Variação do Valor Justo	300,00
(=) Lucro Bruto	300,00

DRE – Demonstração do Resultado do Exercício – 3º Período	
Receita de Vendas	0,00
Pinus	3.000,00
(-) CPV	0,00
Pinus	(3.000,00)

DRE – Demonstração do Resultado do Exercício – 3º Período	
Variação do Valor Justo	0,00
(=) Lucro Bruto	0,00

Partidas no Diário			
Ope-ração	D/C	Contas Contábeis	Valor $
a)	D C	A.B. Culturas permanentes em forma-ção – Pinus Caixa	700,00
b)	D C	A.B. Culturas permanentes em forma-ção – Pinus Caixa	300,00
c)	D C	Valor Justo – Pinus Resultado – Ajuste valor justo - Pinus	500,00
d)	D C	A.B. Culturas permanentes em forma-ção – Pinus Caixa	300,00
e)	D C	Valor Justo – Pinus Resultado – Ajuste valor justo – Pinus	300,00
f)	D C	A.B. Culturas permanentes em forma-ção – Pinus Caixa	250,00
g)	D C	A.B. Culturas permanentes em forma-ção – Pinus Caixa	600,00
h)	D C	Valor Justo – Pinus Resultado – Ajuste valor justo – Pinus	50,00

Partidas no Diário			
Ope-ração	D/C	Contas Contábeis	Valor $
h1)	D	Estoque – Produtos Agrícolas – Pinus	
	C	A.B. Cultura permanente em formação – Pinus	2.150,00
h2)	D	Estoque – Produtos Agrícolas – Pinus	
	C	Valor Justo – Pinus	850,00
i)	D	Caixa	
	C	Vendas	3.000,00
i1)	D	CPV	
	C	Estoque – Produtos Agrícolas – Pinus	3.000,00

7.3 Gastos com armazenagem

Muitos produtos agrícolas são armazenados em função de desiquilíbrio entre oferta e demanda, excesso de produção, formação de estoques de segurança ou regulação de mercado, ou mesmo aguardando melhores preços para comercialização ou especulação. Esses gastos podem ser tratados como despesas operacionais e não como custo de produção. Entretanto, muitas culturas suportam armazenamentos por longos períodos o que pode distorcer o custo efetivo de produção levando a riscos na precificação. Mas um alerta, mesmo que se tenha considerado esses gastos como despesas, para efeito gerencial é importante que eles sejam considerados como custos para não distorcer eventuais análises.

Assim alguns produtores que no meu entender, acertadamente, preferem lançar os gastos de armazenagem, bem como transportes e eventuais beneficiamentos como custo nos estoques dos produtos.

7.4 Depreciação na atividade agrícola

Vimos anteriormente no tópico Conceitos gerais sobre depreciação, amortização e exaustão as características comuns sobre os temas. Aqui passamos a estudar as especificidades dos temas em relação às atividades agrícolas.

A depreciação[18] nas atividades agrícolas é um fator de grande importância para o planejamento de investimentos futuros e para composição dos custos da produção.

A depreciação ocorrerá na cultura permanente a partir da primeira colheita inclusive, pois, a partir disso é que podemos considerar a produção. É como uma máquina adquirida na indústria que foi comprada e ainda não está produzindo, logo, não está sendo "consumida". Em outras palavras, somente a cultura permanente (planta portadora) que produz frutos será depreciada. Tome, por exemplo, árvores frutíferas, como laranja, café etc. que promoverão diversas colheitas durante a vida útil da planta portadora.

Também há aquelas cuja planta portadora é cortada, como a cana-de-açúcar, que, entretanto, permanece com sua raiz no solo para formar novas plantas. Podemos dizer que no caso da cana-de-açúcar ela é planta portadora e fruto ao mesmo tempo. Nesse caso se aplica a exaustão ao invés da depreciação.

A definição da vida útil ou capacidade economicamente viável de produção de uma planta portadora dependerá de vários fatores que incluem as características naturais da planta, o tipo de solo, o clima, a manutenção e os cuidados oferecidos etc. Assim, somente um especialista é capaz de definir a vida útil ou capacidade de produção e, portanto, qual taxa será definida para depreciação.

Uma característica também a ser considerada é a de que em função desses diversos fatores, a produção de determinada cultura permanente poderá variar de safra para safra. Isso pode acarretar, caso a escolha da depreciação seja por vida útil, que eventualmen-

---

[18] Para não estender em demasia o texto, considere em relação à cultura permanente, que ao nos referirmos a depreciação, também estamos considerando a exaustão (que ocorrerá dependendo do tipo da cultura permanente, por exemplo, cana-de-açúcar).

te o valor depreciado seja deficitário ou superavitário em relação à produção real, o que poderá afetar o resultado de maneira a torná-lo menos acurado e problemático ao uso como informação gerencial. Para mitigar esse problema pode-se utilizar, por exemplo, o volume de produção para definição da taxa de depreciação. Isso ocasionará uma proporcionalidade maior entre produção e depreciação.

Além do tratamento da cultura permanente (plantas portadoras), temos hoje algumas fazendas altamente mecanizadas, com diversos tipos de equipamentos especializados (tratores, colheitadeiras etc.). A depreciação para esses casos normalmente ocorre em função de dois fatores principais: o desgaste pelo uso e a obsolescência. O desgaste pelo uso será maior em caso de maior uso do equipamento que pode ser relativizado em função do volume produzido e/ou da cultura operada e da qualidade das manutenções e cuidados aplicados. Tratores operando em cana-de-açúcar depreciam mais que aqueles que operam em outras atividades (Romanelli *et al.*, 2020)[19]. Já a obsolescência ocorre pela diminuição da demanda ou o lançamento de equipamentos mais modernos e eficientes, desgastes de peças não relacionados as atividades (oxidação, por exemplo). Assim, a taxa depreciação na atividade agrícola poderá variar em função de diversos fatores.

Uma falha comum cometida em relação às atividades agrícolas é calcular a depreciação dos equipamentos de forma linear equitativa, pois pode distorcer o resultado já que as atividades agrícolas normalmente não são contínuas, podendo variar em função de uma série de fatores, além do que ao se utilizar o mesmo equipamento em culturas distintas certamente encontraremos prazos e produtividades diferentes e que deveriam ser considerados no cálculo da depreciação.

Uma solução é tratar a depreciação considerando a quantidade de horas trabalhadas, ou seja, o fabricante do equipamento tem condições de determinar a vida útil em horas dos equipamentos em função do seu uso. Nesse caso, é interessante também deixar uma

---

[19] Os autores citados possuem interessante pesquisa com tratores buscando determinar o modelo de depreciação que melhor representa o valor de mercado em função das marcas comerciais e das faixas de potência disponíveis no Brasil em determinado período.

margem, em função das manutenções (e gastos) que no decorrer do uso se tornarão mais intensas, ou seja, supondo que a vida útil em horas estimada seja de 6.000 horas, pode-se fixar em no máximo 4.000 horas o uso do equipamento para revenda. Nesse caso, atentar que o valor residual poderá ser mais significativo.

A Conab (Companhia Nacional de Abastecimento) possui uma planilha (com manual) para levantamento de custos de produção em que considera o cálculo da depreciação e da exaustão[20] o que pode facilitar esse cálculo.

Cabe aqui uma pequena digressão para o fortalecimento do entendimento da importância da depreciação como elemento fundamental do planejamento: a depreciação é a perda do capital investido, sendo assim, é o quanto o gestor deve em tese reservar por mês para aquisição de um novo equipamento ao final da vida útil. A depreciação também possibilita uma economia em relação ao imposto sobre a renda, recurso esse economizado que servirá para essa futura aquisição, portanto, não é um tema que deva ser tratado com descuido.

7.4.1.1 Exemplo 1 – Depreciação linear com vida útil estimada em anos e com valor residual

Supondo um trator adquirido em 1-1-x1 por $ 250, com valor residual de $ 50 ao final da vida útil considerada de 4 anos. Calcule a taxa de depreciação, o valor depreciável e **o valor da** depreciação anual.

Resolução Exemplo 1
Taxa de depreciação = 100% / 4 anos = 25% ao ano (a.a.)
Valor depreciável = valor do bem – valor residual = $ 250 - $ 50 = $ 200
Valor da depreciação anual = $ 200 x 25% = $ 50

---

[20]   https://www.conab.gov.br/images/arquivos/normativos/30000_sistema_de_operacoes/manual_de_levantamento_de_custos_de_producao.pdf

7.4.1.2 Exemplo 2 – Depreciação com vida útil estimada em horas de trabalho por safra e com valor residual

Supondo um trator adquirido em 1-1-x1 por $ 250, com valor residual de $ 50 ao final da vida útil considerada de 4.000 horas de trabalho (estimada pelo fabricante em um tipo de cultura de grãos), sendo que as horas trabalhadas pelo equipamento foram as seguintes:

- Safra 1 = 1.500 horas
- Safra 2 = 500 horas
- Safra 3 = 800 horas
- Safra 4 = 1.200 horas

Resolução Exemplo 2

$ Depreciação por hora =	Valor do equipamento – valor residual	
	Vida útil estimada em horas	

$ Depreciação por hora =	$\dfrac{250 - 50}{4.000}$	= $ 0,05
Safra 1	$ 0,05 x 1.500	$ 75
Safra 2	$ 0,05 x 500	$ 25
Safra 3	$ 0,05 x 800	$ 40
Safra 4	$ 0,05 x 1.200	$ 60
Valor total de depreciação		$ 200

Veja que em relação ao exemplo 1, os valores depreciados ficam mais bem equilibrados em relação ao efetivo consumo do equipamento.

7.4.2 Exercícios Resolvidos – Depreciação

Exercício 1 – Depreciação
(CFC 2020-1)

A diminuição do valor de um bem contabilizado no ativo imobilizado será registrada periodicamente nas contas de depreciação. Dentre as causas que justificam a depreciação, podemos citar, EXCETO:

a) Obsolescência.
b) Ação da natureza.
c) Desgaste pelo uso.
d) *Amortização do intangível.*

Resolução Exercício 1 – Depreciação

Conforme CPC 27 – Ativo Imobilizado (BRASIL. Pronunciamento técnico CPC 27, 2009)

- fatores são considerados na determinação da vida útil de um ativo:

(a) uso esperado do ativo que é avaliado com base na capacidade ou produção física esperadas do ativo;

(b) desgaste físico normal esperado, que depende de fatores operacionais tais como o número de turnos durante os quais o ativo será usado, o programa de reparos e manutenção e o cuidado e a manutenção do ativo enquanto estiver ocioso;

(c) obsolescência técnica ou comercial proveniente de mudanças ou melhorias na produção, CPC 27 13 ou de mudança na demanda do mercado para o produto ou serviço derivado do ativo...

7.5 Exaustão na atividade agrícola

Na atividade agrícola aplicamos a exaustão na exploração de florestas próprias ou florestas de terceiros com contratos por tempo indeterminado, destinados ao corte, comercialização, consumo ou industrialização ou de plantações de certas espécies vegetais que após seu corte, mantendo suas raízes, volta a produzir novas plantas permitindo mais algumas colheitas. É o caso da cana-de-açúcar e, de forma semelhante, as pastagens nativas, naturais ou artificiais.

A exaustão trata da redução dos valores de investimento necessários à exploração de recursos florestais (e minerais). Os gastos com exaustão deverão ser adicionados aos demais gastos correntes de produção, para obtenção do custo dos recursos naturais extraídos, que serão vendidos. Se aplicável ao tipo de operação esses custos serão estocados, como estoques industriais, enquanto não vendidos.

Há de se considerar que há alguns tipos de reflorestamento (eucaliptos para indústria do papel) em que o processo se assemelha a uma atividade de agricultura, onde haverá a colheita e replantio de árvores de mesma espécie, como, por exemplo, uma plantação de soja ou milho. Isso difere do processo de reflorestamento, que ocorre, por exemplo, para recuperação de uma floresta degradada, recuperando espécies nativas, a biodiversidade etc.

7.5.1 Determinação da quota de exaustão de recursos florestais

Para o cálculo da quota de exaustão de recursos florestais, deverão ser observados os seguintes critérios:

a) apurar-se-á, inicialmente, o percentual que o volume dos recursos florestais utilizados ou a quantidade de árvores extraídas durante o período representa em relação ao volume ou à quantidade de árvores que no início do período compunham a floresta;

b) o percentual encontrado será aplicado sobre o valor da floresta, registrado no ativo, e o resultado será considerado como custo dos recursos florestais extraídos.

8 ATIVIDADE PECUÁRIA

A pecuária é uma atividade econômica responsável pela criação de diferentes tipos de animais e está ligada aos primórdios da civilização quando o homem ainda não dominava os processos agrícolas e dependia em grande parte da caça para suprir suas necessidades alimentares e/ou de suprimento de matérias-primas para confecção de utilidades e utensílios.

Hoje já é possível suprir as necessidades protéticas da alimentação humana sem necessariamente recorrer a produtos de origem animal. Muito se tem investido na substituição de produtos de origem animal, mesmo por grandes frigoríficos, pois há uma tendência da diminuição do consumo de produtos de origem animal, seja por motivos de saúde, éticos, religiosos ou mesmo para preservação do meio ambiente.

Nos capítulos em que abordarmos o tópico sobre contabilidade ambiental, será possível detalharmos mais a relação das atividades rurais com o meio ambiente.

A pecuária envolve a criação em rebanhos ou animais que vivem em coletividade tais como bovino, caprinos, suínos, aves e mesmo peixes, abelhas etc. O tipo de rebanho que iremos tratar é a bovinocultura que cuida da criação de bois e vacas[21].

No caso da bovinocultura de corte, há 3 fases distintas envolvidas ao rebanho:

---

[21] Cabe uma observação: Búfalos são animais da família dos bovídeos que é a mesma dos bovinos. Portanto, para efeito desse livro pode-se considerar algumas aplicações em búfalos. Entretanto, pelo seu manejo específico algumas características poderão não estar contempladas.

- Cria,
- Recria e
- Engorda.

Que podem ser executadas por diferentes produtores em ordem diversas, como:

- Cria
- Recria
- Cria – recria
- Cria – recria – engorda
- Recria – engorda
- Engorda.

Como modalidade de produção, a pecuária pode ser extensiva ou intensiva e sua tipologia básica de corte ou leiteira.

8.1 Modalidades de produção da pecuária: extensiva ou intensiva

Basicamente a diferenciação entre ambas as modalidades se dá através das técnicas utilizadas no manejo da criação.

8.1.1 Sistema extensivo

É o sistema mais utilizado no Brasil, principalmente para corte, pela extensão territorial do país e em função disso das possibilidades de facilidade para criação de áreas de pastagens. Entretanto, é a mais agressiva ao meio ambiente, principalmente quando se objetiva o lucro a qualquer preço, derrubando florestas e invadindo áreas preservadas ou mesmo reservas indígenas. Esse é um fator que precisa de atenção severa dos produtores conscientes, já que o assunto em voga hoje no mundo trata da questão climática, que está intimamente ligada a preservação florestal. A facilidade do rastreio da produção pode fazer com que carnes identificadas como provenientes de áreas degradadas sejam recusadas pelos consumidores ao redor do mundo.

Esse sistema se utiliza normalmente das técnicas mais tradicionais para criação dos animais, onde normalmente são criados mais soltos tendo uma parte de sua alimentação provenientes da própria natureza (pastos) e outras podendo ou não serem oferecidas pelo criador na forma de suplementos. Na prática, a dieta é majoritariamente pasto e suplemento mineral. Nesse sistema, os animais podem ser colocados em piquetes rotacionados com irrigação para garantir que se dê tempo para que os pastos sejam reformados. Em relação às instalações são relativamente simples e limita-se a um curral, onde as vacas são ordenhadas, caso das leiteiras. Em resumo, não apresentam técnicas ou métodos modernos de manejo, o que ocasiona um desenvolvimento normalmente mais lento do plantel[22] em termos de produção de leite ou de engorda para corte, por exemplo. Entretanto, é adequado às necessidades e capacidades de investimentos de seus criadores/proprietários. Normalmente voltados para criação de rebanhos de corte.

Não se trata normalmente de pequenas criações, podendo consistir em grandes áreas de pasto ocupando latifúndios ou grandes propriedades familiares. A vantagem principal se dá pelo menor investimento, porém, exige grandes áreas de pasto e caso o manejo seja inadequado pode gerar baixa produtividade. O fator ambiental também precisa entrar nos custos desse tipo de sistema.

8.1.2 Sistema semi-intensivo

A criação é feita em pasto com forrageiras de alta capacidade de suporte e com reforço da suplementação (como cana-de-açúcar, silagem, feno ou outros complementos) volumosa em épocas de seca, quando há a redução natural dos pastos ou mesmo durante todo o ano.

Para o rebanho leiteiro, o alimento é fornecido geralmente no cocho ou no momento da ordenha e permite a aplicação de processos tecnológicos na criação. As instalações desse sistema são relativamente simples e é possível adotar alguns recursos tecnológicos para aumentar a qualidade e produtividade do leite. Como desvantagem está a maior necessidade e de recursos tanto na ordenha quanto para o resfriamento do leite.

Para o rebanho de corte o sistema pode ser utilizado para a engorda rápida antes da venda para o abate.

---

[22] Plantel – substantivo aqui utilizado para definir qualquer lote de animais com algum tipo de manejo de criação.

8.1.3 Sistema intensivo

Ao contrário da extensiva, se utiliza de técnicas modernas de manejo através de confinamento ou semiconfinamento, onde o objetivo é criar o maior número de cabeças no menos espaço possível. Assim, os animais são mantidos muito mais tempo confinados e alimentados principalmente no cocho com forragens conservadas. Pode utilizar-se de técnicas avançadas de clonagem, reprodução assistida e assim, necessita de mão de obra mais especializada, mais tecnologia inovadora e, portanto, os investimentos são bem maiores, por isso aconselhável somente para animais especializados em produção de carne ou leite ou de alto padrão genético. Com isso a produtividade tende a ser elevada. Além do gado de corte e leiteiro, suíno e aves poedeiras também se utilizam com frequência de sistema semelhante.

Alguns exemplos de instalações do sistema intensivo para gado leiteiro são o *Free Stall, Loose Housing,* e *Compost Barn* que não iremos detalhar por ser algo bastante específico. A dita vantagem (para o produtor) na utilização do sistema intensivo é o aumento da produtividade, porém, claramente um processo desumanizado para os animais que são impossibilitados de se locomoverem adequada e naturalmente.

Hoje alguns consumidores já procuram produtos em que o manejo dos animais seja mais humanizado, principalmente na indústria de ovos e leite cujo mercado já oferece algumas opções humanizadas de manejo. Mas não devemos nos iludir, pois, apesar de já haver tecnologia para produção de apenas pintinhos fêmeas (futuras poedeiras), em função do custo os produtores preferem não utilizar tal tecnologia e os pintinhos machos são eliminados através de métodos extremamente cruéis. O mesmo ocorre no rebanho leiteiro onde os machos são vendidos para abate.

A escolha do sistema vai depender de algumas variáveis dos recursos físicos, vegetais, animais e econômicos disponíveis. Outro fator importante é a escolha da raça, que no Brasil devido a sua extensão territorial e variedade de climas e solos impede a escolha de uma única raça de bovino para exploração.

8.2 Tipos de pastos

Os pastos (ou pastagens) são considerados importantes do ponto de vista econômico da atividade pecuária, pois influenciam na produtividade e eficiência das propriedades rurais. É através dela, juntamente com os cuidados sanitários, que se obterá a qualidade e o bom rendimento do rebanho.

O Brasil, devido ao seu clima predominantemente intertropical (entre os trópicos de câncer e capricórnio) possui um verão longo, quente e chuvoso. A amplitude térmica se reduz nas proximidades com a linha do equador. Também podemos considerar o clima subtropical nos estados do sul do país bem como parte de São Paulo e Mato Gross do Sul.

Para tanto, há pastos (ou forragens) que se adaptam e se desenvolvem bem na primavera/verão e outras que se adaptam e desenvolvem no outono/inverno, sendo que a escolha do tipo de pasto não deve considerar apenas a estação do ano, mas também outros fatores como: qualidade, valores nutritivos, resistência a pragas, pisoteio, doenças, palatabilidade, adequação ao clima da região e, muito importante, ao custo de sua implantação e manutenção. O ciclo vegetativo também deve ser considerado, havendo plantas (gramíneas) com ciclo vegetativo anual que florescem apenas uma vez em sua existência e outras permanentes que permanecem ativas por vários anos consecutivos rebrotando ao completarem cada ciclo vegetativo. É importante salientar, que o pasto deve ser tratado como qualquer outra cultura, observando-se os cuidados e técnicas necessárias para um bom desenvolvimento.

8.2.1 Pasto Natural

Nas pastagens naturais, a vegetação é originária da região, contendo espécies diversificadas como herbáceas, gramíneas, não gramíneas e arbustos.

8.2.2 Pasto Nativo

Já as pastagens nativas, se referem às espécies que surgem de forma espontânea. Estas possuem valor nutritivo e surgem quando a vegetação originária é destruída. Alguns autores não fazem distinção entre nativo e natural.

8.2.3 Pasto artificial

Cultivada pelo homem, por meio de espécies exóticas e variadas provindas de outras regiões. Elas podem permanecer na área durante longos anos ou de forma temporária.

Conforme Oliveira (2008) as principais forragens utilizadas no pasto artificial são:

- Gramíneas – capim-colonião, capim-gordura, capim-jaraguá, capim-pangola, outros capins e cereais.
- Leguminosas – alfafa, soja perene, siratro, carrapicho, beiço-de-boi etc.
- Cactáceas – palma, mandacaru, xiquexique etc.
- Outras – mandioca, batata-doce etc.

8.3 Tipo de Pastoreio

Pastoreio ou pastejo é a forma como o gado se alimenta no pasto, podendo ser contínuo, alternado ou rotativo.

8.3.1 Pastoreio contínuo

Os animais são alocados integralmente em uma área determinada, em grande parte criados extensivamente. Tem como vantagem menor demanda de mão de obra pela menor necessidade de manejo, entretanto, apresenta como desvantagem a pressão exercida sobre a forrageira devido ao pastejo contínuo que atrasa a rebrota, a quantidade de material danificado e o rebaixamento excessivo da planta. Também em caso de ataque de pragas ou estiagem prolongado o criador pode ficar sem opções para alocação dos animais.

8.3.2 Pastoreio alternado

Consiste em ter áreas desocupadas destinadas ao uso em caso do pasto usual estar muito consumido ou com alguma degradação. Pode proporcionar maior produtividade pelo melhor ajuste dos animais no pasto. Essa alternância também facilita a recuperação da estrutura da planta/solo.

8.3.3 Pastoreio rotativo

Também chamado de rotacionado ou em rodízio. Consiste na divisão da área de pasto em mangas menores ou piquetes, onde os animais alternam o pastejo em períodos fixos de ocupação e descanso, de acordo com as condições da pastagem. Da mesma forma que no pastoreio alternado, facilita a recuperação da estrutura planta/solo. Tem como vantagem o rebrote mais acelerado e constante, o que melhora a digestibilidade, e o maior valor nutricional. Também é possível se trabalhar com lotes maiores e dias de ocupação mais curtos o que possibilita a utilização de plantas poucos resistentes ao pisoteio, porém com alta produtividade, que no pastoreio contínuo são muito prejudicadas.

8.4 Raças de gados bovinas mais comuns

A título de curiosidade apresentamos algumas raças mais utilizadas no Brasil:

Para gado leiteiro:
- Holandesa
- Girolando (detém aproximadamente 80% de nossa produção de leite)
- Pardo-suíço
- Jersey
- Guzerá,
- Zebu leiteiras, dentre outras.

Para gado de corte:
- Nelore
- Angus

- Brahman
- Brangus
- Senepol
- Hereford, dentre outras.

8.5 Índices para monitorar o tamanho de rebanho leiteiro

Dois índices são utilizados:
(a)Vacas em lactação (VL) em relação ao total de vacas do rebanho (TV)
 – %VL/TV
(b)Vacas em lactação (VL) em relação ao total do rebanho (TR)
 – %VL/TR

Esses índices sofrem interferência de variáveis como o intervalo entre os partos (IP) que é o tempo entre dois partos consecutivos de uma mesma vaca, sendo o ideal de 12 meses e o período de lactação (PL) que é tempo desde o parto até o final da lactação (secagem) em que o ideal é de 10 meses ou 305 dias.

A relação entre essas variáveis nos dá a relação entre as vacas em lactação e o total de vacas no rebanho no ano.

> **% VL/TV = PL/IP x total de vacas no rebanho**

Exemplo:
Supondo um rebanho de 100 vacas com os índices de IP e PL ideais:

> **% VL/TV = 10/12 x 100 = 83,33%**

Isso significa que esperasse que em um rebanho de 100 vacas, 83 estejam em lactação.

A seguir, nas tabela divulgada pela EMBRAPA, podemos identificar a porcentagem de vacas em lactação no rebanho, por ano, em função do período de lactação (PL) e do intervalo entre os partos (IP):

Duração da lactação em meses	Intervalo de partos em meses (IP)			
	12	14	16	18
	% de vacas em lactação			
10	83	71	62	55
9	75	64	56	50
8	66	57	50	44
7	58	50	43	38

Assim como na atividade agrícola, na atividade pecuária o período contábil não coincide com o ano civil. Para efeito fiscal, o exercício será encerrado a cada ano civil. O ideal é realizá-lo logo após o nascimento dos bezerros ou do desmame. De maneira geral, o nascimento de bezerros concentra-se em determinado período do ano quando se planeja o período de reprodução, ou através da inseminação artificial ou monta planejada ou aceleração do cio. O raciocínio que se deve utilizar aqui é o mesmo utilizado para a colheita agrícola. Nesse caso, todavia, o bezerro será o "fruto", o produto final que valoriza o patrimônio da empresa. Há empresas pecuárias que fixam o exercício social com base no mês seguinte em que concentram a venda das reses para o frigorífico. Esse critério é igualmente válido quanto ao nascimento dos bezerros. (MARION, 2021)

Para efeito de classificação de curto e longo prazos, pode ser considerado o ciclo operacional, que pode variar de 2 a 4 anos, dependendo de uma série de fatores mais técnicos e que variam dependendo do tipo de criação. No gado de corte é necessário considerar os prazos de cria, recria e engorda, já no gado leiteiro, a primeira cria da vaca e posterior lactação. Para nossos exemplos de cálculo dos índices, para facilitar o entendimento usaremos o ciclo operacional e exercício contábil de 1 ano (365 dias).

8.6 Classificação do gado no balanço patrimonial

Antes de passarmos propriamente a classificação do gado no balanço patrimonial é interessante considerar a classificação da produção proposta por Galvão (2020) para a cultura de corte, que é a seguinte:

Bezerro(a)	É a cria da vaca. Sua era vai de zero a 12 meses de idade.
Novilho(a)	É o nome dado ao até então bezerro(a), após o período de desmame. A era do novilho vai de 13 meses até o abate e a da novilha vai de 13 meses até a primeira parição.
Garrote	Macho inteiro (não castrado) desde o desmame até a entrada na reprodução.
Touro	O garrote passa para a categoria de touro em torno de dois a três anos após o nascimento, onde neste último ano passa pela experimentação. Recomenda-se que a permanência no rebanho não ultrapasse a faixa de três a quatro anos. A era do touro começa no 25º ao 35º mês, desde que apresente um bom desempenho como reprodutor. Caso não tenha bom desempenho, permanece na categoria de garrote onde será descartado (abate) ou passa para a categoria de boi.
Boi	Bovino adulto acima de três anos, castrado e manso, pode ser empregado nos serviços agrícolas
Vaca	É a denominação dada à novilha após a primeira parição. Assim como o touro, a vaca passa por um período de experimentação, e à medida que demonstra ser uma boa matriz reprodutora continua no rebanho. Caso contrário, é descartada. A vida útil da vaca de corte pode ir além de 12 anos; no entanto, após 10 anos de idade, a produção de leite entra em declínio e o animal passa a desmamar bezerros mais leves. Considerando-se 4 anos como a idade média ao primeiro parto, e o descarte aos 10 anos de idade, a vaca produz, em média, de 4 a 5 bezerros.

Já Marion (2021) apresenta a seguinte classificação para cultura de gado de corte:

Classificados no ativo circulante no subgrupo ativos biológicos:

- Bezerro de 0 a 8 meses
- Bezerra de 0 a 8 meses
- Novilhos de 9 a 18 meses
- Novilhas de 9 a 18 meses
- Novilhos de 19 a 36 meses
- Novilhos acima de 37 meses
- Novilhas acima de 19 meses (sem experimentação)
- Garrotes (tourinhos) acima de 25 meses (sem experimentação)

Classificados no ativo não circulante imobilizado no subgrupo ativos biológicos:

- Reprodutores
- Matrizes.

Lembrando as fases de um rebanho de corte são:

- Cria – bezerros(as) nascidos na propriedade que só serão vendidos após o desmame.
- Recria – bezerros(as) adquiridos para produção e venda de novilhos(as) magros.
- Engorda – bezerros(as) ou novilhos(as) magros adquiridos para produção e venda de novilhos(as) gordos(as).
- Os animais podem ser vendidos em qualquer das fases.

Na cultura leiteira[23], como a idade dos animais influencia fortemente no manejo e resultados, o ideal é a classificação do rebanho por idade e que pode ser usada para efeito de classificação contábil.

Nesse caso, são propostas as seguintes classificações[24]:

---

[23] Normalmente, o descarte de vacas é feito depois do diagnóstico de gestação, que detecta as que falharam. Então, faz-se a análise do histórico do animal, se já falhou outras vezes. Há propriedades em que a vaca falhando apenas um ano já é descartada mesmo sendo jovem, ao que é chamado de pressão de seleção.

[24] BERNARDES, A. Vacas, novilhas e bezerras: qual a composição ideal de rebanhos de gado de leite? Disponível em: https://blog.prodap.com.br/estruturacao-de-rebanhos-de-bovinos-leiteiros/. Acessado em: 13 de janeiro de 2023.

- Um rebanho com a idade média ao **primeiro parto de 24 meses**, ou seja, o ideal. Se desconsiderarmos os machos, **teremos 7 categorias no rebanho:**
  - ◊ Vacas em lactação;
  - ◊ Vacas secas;
  - ◊ Bezerras de 0 a 2 meses;
  - ◊ Bezerras de 2 a 6 meses;
  - ◊ Bezerras de 6 a 12 meses;
  - ◊ Novilhas de 12 a 18 meses;
  - ◊ Novilhas de 18 a 24 meses.
- Mas se analisarmos um rebanho com idade média ao primeiro parto de 27 meses, desconsiderando os machos, teremos 8 categorias:
  - ◊ Vacas em lactação;
  - ◊ Vacas secas;
  - ◊ Bezerras de 0 a 2 meses;
  - ◊ Bezerras de 2 a 6 meses;
  - ◊ Bezerras de 6 a 12 meses;
  - ◊ Novilhas de 12 a 18 meses;
  - ◊ Novilhas de 18 a 24 meses;
  - ◊ Novilhas de 24 a 27 meses.

Na criação leiteira só há interesse para a criação de fêmeas, sendo os machos vendidos na etapa de bezerros principalmente, mas também como novilhos, podendo ser mantidos os considerados mais aptos (fertilidade, peso etc.) para reprodução, dependendo do método de reprodução.

O gado a ser comercializado é classificado como estoque no ativo circulante no subgrupo ativos biológicos. Assim na criação leiteira, a quase totalidade dos machos é destinada à venda, e, portanto, classificados como estoques. As bezerras inicialmente também devem ser classificadas como estoques até que possam ser verificadas suas habilidades como boas produtoras de leite, e quando em caso positivo elas serão reclassificadas como ativo não circulante imobilizado ativos biológicos. Também o gado destinado à reprodução, renda ou trabalho, ou seja, aquele no qual não há intenção imediata de venda será classificado no ativo não circulante imobilizado.

As idades de manejo, classificação e registro variam entre criações para corte e leiteira, sendo assim usaremos exemplos referentes ao gado de corte.

Uma classificação proposta pelo CPC 29 no item 43, a entidade é incitada a fornecer uma descrição da quantidade de cada tipo de ativo biológico para distinguir entre consumíveis e produção, ou para distinguir entre maduros e imaturos, conforme apropriado. Por exemplo, a entidade pode divulgar o total de ativos biológicos que podem ser consumidos e os ativos biológicos que podem ser usados para produção em grupo. Além disso, a entidade também pode dividir o total em ativos maduros e ativos imaturos. Essas diferenças são úteis para determinar o impacto do tempo nos fluxos de caixa futuros. A entidade deve divulgar a base para fazer tal distinção. Além disso, o gado pode ser dividido em ativo circulante (estoque programado para venda) ou ativo não circulante (ativo imobilizado) representando animais não destinados à venda (RIBEIRO e SILVA, 2015).

Aqui cabe uma observação: na pecuária de corte os animais destinados ao abate são classificados no ativo circulante – estoques – ativos biológicos – na categoria especificada, aguardando o momento para venda. O mesmo ocorre para os animais destinados à reprodução (touros e vacas matrizes), entretanto, alguns proprietários, para esse tipo de função, já classificam o animal no ativo não circulante – imobilizado – ativos biológicos – reprodutores, classificados como imaturos e que só passarão a sofrer depreciação quando se tornarem maduros e iniciarem sua produção. Ocorre que nem sempre um animal destinado à reprodução desempenha bem suas funções e no caso é descartado e colocado para venda (abate). Na nossa opinião, tanto faz, entretanto, a baixa do imobilizado pode ser mais trabalhosa do ponto de vista contábil.

8.6.1 Classificação do rebanho conforme Instrução Normativa nº 57 de 1976

"[...]

Classificação da conta de gado no Ativo Imobilizado e Realizável

{...}

2. Com relação à conta de gado o problema deve ser assim considerado:

2.1. ATIVO IMOBILIZADO

Podemos considerar como integrante do ativo imobilizado as contas a seguir indicadas, tendo em vista o disposto no art. 241 – RIR/75, Decreto 76.186/75, *verbis*:

"Integram o ativo imobilizado, para os efeitos de correção monetária, os bens que se destinem à exploração do objeto social ou à manutenção das atividades da pessoa jurídica."

2.1.1. Gado Reprodutor, indicativa de touros puros de origem, touros puros de cruza, vacas puras de cruza, vacas puras de origem e plantel destinados à inseminação artificial;

2.1.2. Gado de Renda, representando bovinos, suínos, ovinos e equinos que a empresa explora para a produção de bens que constituem objeto de suas atividades;

2.1.3. Animais de Trabalho, compreendendo equinos, bovinos, muares, asininos destinados a trabalhos agrícolas, sela e transporte;

2.2. ATIVO REALIZÁVEL[25]

De conformidade com o art. 241, § 1º, letra a do RIR/75, aprovado pelo Decreto 76.186/75:

"integram o ativo realizável os bens adquiridos para revenda, os destinados a constituir parte integrante, bens produzidos para revenda, ou a serem consumidos na produção de bens ou serviços para venda."

Portanto, serão classificadas no Realizável, em conta apropriada, aves, gado bovino, suínos, ovinos, equinos, caprinos,

---

[25] Ativo Realizável seria o de curto prazo e sugiro ser usada a conta Estoques.

coelho, peixe e pequenos animais, destinados à revenda, ou a serem consumidos na produção de bens para venda.

3. No que tange às crias nascidas durante o ano-social ou ao gado que perece no período, deverão ser escriturados como superveniências e insubsistências ativas, movimentando as respectivas contas como a seguir indicado:

3.1. SUPERVENIÊNCIAS ATIVAS

Creditada pelo nascimento do animal, pelo preço real de custo ou pelo preço corrente no mercado, a débito de conta do ativo a que se destina a cria nascida, transferindo-se o saldo para Lucros e Perdas. **São acréscimos pelo nascimento de novos animais e ganhos pelo crescimento natural do gado. São variações patrimoniais positivas relativas aos ativos biológicos. (grifo do autor)**

3.2. INSUBSISTÊNCIAS ATIVAS

Debitada pelo gado que perece, pelo preço real de custo ou pelo preço corrente no mercado, lançado contra a conta do ativo em que se achava registrado, encerrando-se a conta a débito de Lucros e Perdas. **São reduções do ativo causadas por perdas, fatos anormais fortuitos e imprevistos como morte, desaparecimento etc. São variações patrimoniais negativas com diminuição real dos ativos biológicos. (grifo do autor)**

4. Esclareça-se quando à contabilização do rebanho, que o mesmo, para apuração dos resultados anuais na data do balanço, deverá ser inventariado pelo preço real de custo; porém, quando a empresa não tenha condições de evidenciá-la, poderá ser inventariado pelo preço corrente no mercado para o gado.

5. Advirta-se, por fim, que o gado utilizado simultaneamente para renda e custeio deve ser classificado na forma indicada nos subitens 2.1 e 2.2, obedecendo à finalidade preponderante".

Nesse sentido, Marion (2021) propõe um analítico do plano de contas enriquecido:

Receita Bruta
Receita do gado bovino

Venda do gado bovino
Variação patrimonial líquida
  (+) Superveniências ativas
  (-) Insubsistências ativas*
* termos não considerados nos conceitos de ativos biológicos.
Podemos chamar de "Ajuste a Valor Justo".

8.7 Contabilização do rebanho de corte

Segue uma planificação simplificada de contas envolvendo esse tipo de cultura para que possamos exemplificar algumas operações na sequência. Não se deseja exemplificar um plano de contas geral, mas enfatizar contas usuais referentes à atividade pecuária de corte.

Nesse caso, no ativo circulante – ativos biológicos – estoques, são apresentados, como exemplo, os subgrupos "Insumos", representando as matérias-primas necessárias à manutenção do plantel e aproveitando a definição dada por Marion (2021) a classificação do rebanho por idade e sexo, apresentada no ativo circulante – ativos biológicos:

- Bezerro de 0 a 8 meses
- Bezerra de 0 a 8 meses
- Novilhos de 9 a 18 meses
- Novilhas de 9 a 18 meses
- Novilhos de 19 a 36 meses
- Novilhos acima de 37 meses
- Novilhas acima de 19 meses (sem experimentação)[26]
- Garrotes (tourinhos) acima de 25 meses (sem experimentação).

Já os reprodutores e matrizes são apresentadas no ativo não circulante – imobilizado – ativos biológicos:

---

[26] A experimentação verifica se as novilhas e os garrotes são aptos a serem matrizes ou reprodutores, respectivamente.

- Reprodutores
- Matrizes

Conforme o CPC 29 item 45 temos que: "Ativos biológicos podem ser classificados como maduros ou imaturos. Os maduros são aqueles que alcançaram a condição para serem colhidos (ativos biológicos consumíveis) ou estão aptos para sustentar colheitas regulares (ativos biológicos de produção)". Normalmente até 36 meses são considerados imaturos, mas pode ocorrer que alguns já possam ser classificados como maduros a partir de 25 meses.

Assim, os bezerros(as), novilhos(as) e garrotes, nascidos na fazenda ou comprados, são inicialmente classificados no ativo circulante estoques, e caso, na idade adulta (adolescência) apresentem características para serem reprodutores ou matrizes, serão transferidos para o ativo não circulante imobilizado. A classificação inversa – classificar primeiramente no imobilizado e depois transferir para estoques é vedada pelo fisco (Parecer Normativo CST nº 3/1980), além de outros problemas operacionais. Conforme Marion (2021), o próprio Fisco corrobora com este argumento quando no Parecer Normativo nº 57/1976 diz que "no ativo imobilizado serão classificados o gado reprodutor representados por touros..., vacas... e plantel destinado à inseminação artificial".

Com relação aos gastos de formação do rebanho, todos os gastos serão lançados nos rebanhos em estoques, seja através de alocação direta e sendo impossível através de rateio. Da mesma forma, os gastos relativos aos reprodutores e matrizes serão alocados via rateio nos animais em estoque. Os gastos não incidem diretamente nos reprodutores e matrizes que sofrem depreciação quando aptos a reprodução.

Os ativos biológicos devem ser mensurados ao valor justo a cada data de balanço, e no momento da colheita sendo a diferença com o custo lançada em conta de ajuste de valor justo tendo por contrapartida um resultado de ganho ou perda. Na transferência dos reprodutores e matrizes do ativo circulante estoques para o não circulante imobilizado, se o plantel estiver avaliado a custo, às vezes será necessário reavaliar o bezerro(a) desde o nascimento até o momento da transferência.

8.7.1 Proposta de Plano de Contas – Pecuária de Corte

Plano de Contas – Pecuária de corte
Ativo
Ativo Circulante
Estoques
Insumos
rações
vacinas/medicamentos
suplementos alimentares...
Ativos Biológicos
Rebanhos bovinos
Bezerros de 0 a 8 meses
Bezerras de 0 a 8 meses
Novilhos de 9 a 18 meses
Novilhas de 9 a 18 meses
Novilhos de 19 a 36 meses
Novilhos acima de 37 meses
Novilhas acima de 19 meses (sem experimentação)
Garrotes acima de 25 meses (sem experimentação)
Ou
Rebanhos bovinos
Rebanho para corte – imaturos
Rebanho para corte – maduros
A entidade é encorajada, mas não obrigada, a fornecer uma descrição quantitativa de cada grupo de ativos biológicos, distinguindo entre ativos para consumo e para produção ou entre ativos maduros e imaturos, conforme apropriado. A entidade deve divulgar a base para a definição de tais distinções.
A manutenção de animais com até 3 anos no ativo circulante é aconselhável, pois a qualquer momento tanto bezerros(as), novilhos(as) ou garrotes podem ser vendidos.

Plano de Contas – Pecuária de corte

Ativo não Circulante
 Imobilizado
  Ativos Biológicos
   Reprodutores
    Touros (reprodutores)
    Vacas (matrizes)
   Culturas permanentes em formação
    Pastos artificiais...
   Culturas permanentes formadas
    Pastos naturais
    Pastos artificiais...
    (-) depreciação
    (-) exaustão
 Ou
   Reprodutores imaturos
    Tourinhos (reprodutores)
    Novilhas (matrizes)
   Reprodutores maduros
    Touros (reprodutores)
    Vacas (matrizes)

Pode ocorrer essa última separação quando houver no plantel animais já reservados para reprodução, mas que ainda se encontram imaturos para a atividade. Isso depende do critério de planejamento do gestor.

Nesse exemplo, optamos por criar um subgrupo Estoques dentro de Ativos Biológicos separando dos demais estoques da propriedade. Mas é uma questão de escolha de cada contador. A separação entre machos e fêmeas é uma opção do gestor conforme suas necessidades gerenciais.

8.7.2 Exemplo 1 – Transferência de novilha(o) para reprodução

Pode ocorrer que ao invés de vender algumas novilhas(os), o produtor prefira transferi-los para reprodutores (touros / vacas matrizes).

Nesse caso basta, pode exemplo debitar a conta ativo não circulante – imobilizado – ativos biológicos – reprodutores (imaturos ou maduros) – vacas (matrizes) ou touros (reprodutores) e contrapartida de ativos circulantes – ativos biológicos – estoques – rebanhos bovinos – novilhos acima de 37 meses ou novilhas acima de 19 meses, por exemplo.

O custo do rebanho é calculado dividindo-se o valor do rebanho escolhido (supondo $ 5.000) pelo número de cabeças do rebanho (supondo 100 cabeças) multiplicado pelo número de cabeças transferido (supondo 20 cabeças no total sendo 10 de novilhas e 10 de novilhos).

- Novilhas(os) => 50 cabeças ao valor de custo de $ 5.000
- Custo unitário => $ 5.000 / 50 = $ 100
- Valor a ser transferido para imobilizado
- Novilhas acima de 19 meses => 10 x $ 100 = $ 1.000
- Novilhos acima de 37 meses => 10 x $ 100 = $ 1.000

Partidas no diário:
D- Vacas (matrizes)
C- Novilhas acima de 19 meses $ 1.000
C- Novilhos acima de 37 meses $ 1.000

8.7.3 Exemplo 2 – Rebanho de corte pelo método de custo

Na pecuária os preços de mercado são mais fáceis de serem encontrados, logo, o correto é usar o método do valor justo, mas para efeito didático ou mesmo para alguma necessidade gerencial vamos estudar também a contabilização pelo método de custo.

Supondo um processo de formação de rebanho:

Situação inicial
- Saldo em caixa $ 100.000.
- Saldo em insumos $ 30.000.

- 5 Touros (reprodutores) $ 20.000.
- 80 Vacas (matrizes) $ 80.000.
- Patrimônio líquido $ 230.000.
- Para depreciação consideramos 10 anos a vida útil tanto dos reprodutores quanto das matrizes, sem residual.
- Para facilitar o entendimento, utilizamos a conta de estoques – rebanhos bovinos sem considerar a faixa etária dos animais que vão envelhecendo ano após ano. Caso, utilizássemos as essas contas mais analíticas, teríamos que ano a ano transferir os animais que mudassem de faixa etária.

1º Período
- Nascimento de 60 bezerros no início do período.
- Gastos com insumos (todos os custos necessários para manutenção do rebanho no período) $ 20.000.
- Depreciação dos touros ($ 20.000 / 10 anos) = $ 2.000.
- Depreciação das vacas matrizes ($ 80.000 / 10 anos) = $ 8.000.

(AC) Estoques insumos	**(ANC) Imobilizado A.B. Reprodutores Touros**	**Depreciação Acumulada Touros**
si 30.000,00 | 20.000,00 a	si 20.000,00 |	| 2.000,00 b
10.000,00		
(AC) A.B. Rebanhos Bovinos	**(ANC) Imobilizado A.B. Reprodutores Vacas**	**Depreciação Acumulada Vacas**
	si 80.000,00 |	| 8.000,00 b1
a 20.000,00 |		
b 2.000,00 |	**PL**	**Caixa**
b1 8.000,00 |	| 230.000,00 si	si 100.000,00 |
30.000,00 |		

Partidas no Diário			
Operação	**D/C**	**Contas Contábeis**	**Valor $**
a)	D	A.B. Rebanhos Bovinos	
	C	Estoques – Insumos	20.000,00

Partidas no Diário			
b)	D	A.B. Rebanhos Bovinos	
	C	Depreciação Ac. – A.B. – Reprodutores Touros	2.000,00
b1)	D	A.B. Rebanhos Bovinos	
	C	Depreciação Ac. – A.B. – Reprodutores Vacas	8.000,00

DRE – não houve nesse período, pois não tivemos vendas

Balanço Patrimonial – BP			
ATIVO		**PASSIVO**	
Caixa	100.000,00	PL	230.000,00
Estoques – Insumos (AC)	10.000,00		
Estoques – Rebanhos bovinos (AC)	30.000,00		
Imobilizado – Reprodutores Touros (ANC)	20.000,00		
(-) Depreciação Ac. Touros (ANC)	(2.000,00)		
Imobilizado – Reprodutores Vacas (ANC)	80.000,00		
(-) Depreciação Ac. Vacas (ANC)	(8.000,00)		
Total Ativo	230.000,00	Total PL	230.000,00

2º Período
- Nascimento de 80 bezerros no início do período.
- Compra de insumos, pagos à vista $ 50.000.

- Gastos com insumos (todos os custos necessários para manutenção do rebanho no período) $ 40.000.
- Depreciação dos touros ($ 20.000 / 10 anos) = $ 2.000.
- Depreciação das vacas matrizes ($ 80.000 / 10 anos) = $ 8.000.
- Venda de 50% do rebanho por $ 80.000 à vista.

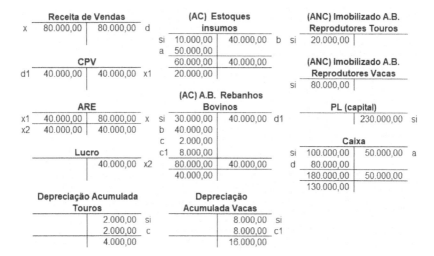

\multicolumn{4}{c}{**Partidas no Diário**}
Operação	D/C	Contas Contábeis	Valor $
a)	D	Estoques – Insumos	
	C	Caixa	50.000,00
b)	D	A.B. – Rebanhos Bovinos	
	C	Estoques – Insumos	30.000,00
c)	D	A.B. – Rebanhos Bovinos	
	C	Imobilizado – A.B. – Reprodutores Touros	2.000,00

Partidas no Diário			
Ope-ração	D/C	Contas Contábeis	Valor $
c1)	D	A.B. – Rebanhos Bovinos	
	C	Imobilizado – A.B. – Reprodutores Vacas	8.000,00
d)	D	Caixa	
	C	Receita de Vendas	80.000,00
d1)	D	CPV	
	C	A.B.– Rebanhos Bovinos	40.000,00
x)	D	Receita de Vendas	
	C	ARE – Apuração do Resultado do Exercício	80.000,00
x1)	D	ARE – Apuração do Resultado do Exercício	
	C	CPV	40.000,00
x2)	D	ARE – Apuração do Resultado do Exercício	
	C	Lucro	40.000,00

DRE – Demonstração do Resultado do Exercício	
Receita de Vendas	80.000,00
(-) CPV	40.000,00
(=) Lucro Bruto	40.000,00

Balanço Patrimonial – BP

ATIVO		PASSIVO	
Caixa	130.000,00	PL	230.000,00
Estoques – Insumos (AC)	20.000,00	Lucro	40.000,00
Estoques – Rebanhos bovinos (AC)	40.000,00		
Imobilizado – Reprodutores Touros (ANC)	20.000,00 (4.000,00)		
(-) Depreciação Ac. Touros (ANC)	80.000,00		
Imobilizado – Reprodutores Vacas (ANC)	(16.000,00)		
(-) Depreciação Ac. Vacas (ANC)			
Total Ativo	270.000,00	Total PL	270.000,00

8.7.4 Exemplo 3 – Rebanho de corte pelo método do valor justo

Considerado as mesmas informações do exemplo 2, porém, contabilizando pelo método do valor justo.

Supondo um processo de formação de rebanho:

Situação inicial

- Saldo em caixa $ 100.000.
- Saldo em insumos $ 30.000.
- 5 Touros (reprodutores) $ 20.000.
- 80 Vacas (matrizes) $ 80.000.
- Patrimônio líquido $ 230.000.
- Para depreciação consideramos 10 anos a vida útil tanto dos reprodutores quanto das matrizes, sem residual.

Contabilidade Gerencial Rural e Ambiental

- Para facilitar o entendimento, utilizamos a conta de estoques – rebanhos bovinos sem considerar a faixa etária dos animais que vão envelhecendo ano após ano. Caso, utilizássemos as essas contas mais analíticas, teríamos que ano a ano transferir os animais que mudassem de faixa etária.

1º Período
- Nascimento de 60 bezerros no início do período.
- Gastos com insumos (todos os custos necessários para manutenção do rebanho no período) $ 20.000.
- Pelo fato de estarem sendo calculados pelo método do valor justo não é necessária a depreciação.
- O valor justo do rebanho é calculado em $ 25.000 e não houve alteração do valor dos reprodutores (touros e vacas).

	Valor Justo - Rebanho			(AC) Estoques insumos			(ANC) Imobilizado A.B. Reprodutores Touros	
b	5.000,00	5.000,00	b1 si	30.000,00	20.000,00 a	si	20.000,00	
				10.000,00				

	Resutado Ajuste Valor Justo Rebanho			(AC) A.B. Rebanhos Bovinos			(ANC) Imobilizado A.B. Reprodutores Vacas	
c	5.000,00	5.000,00	b			si	80.000,00	
			a	20.000,00				
	Caixa		b1	5.000,00			PL	
si	100.000,00			25.000,00			230.000,00	si
							5.000,00	c
							235.000,00	

Partidas no Diário			
Operação	**D/C**	**Contas Contábeis**	**Valor $**
a)	D	A.B. – Rebanhos Bovinos	
	C	Estoques – Insumos	20.000,00

Partidas no Diário			
Ope-ração	D/C	Contas Contábeis	Valor $
b)	D	Valor Justo – Rebanhos Bovinos	
	C	Resultado – Ajuste Valor Justo – Rebanho Bovinos	5.000,00
		O ajuste ao valor justo é de $ 5.000, pois o valor justo calculado foi de $ 25.000, porém, já havia sido alocado $ 20.000 a custo. ($25.000 - $ 20.000 = $ 5.000)	
b1)	D	A.B. – Rebanhos Bovinos	
	C	Valor Justo – Rebanhos Bovinos	5.000,00
c	D	Resultado – Ajuste Valor Justo – Rebanho Bovinos	
	C	PL – Variação Positiva do PL	5.000,00

DRE – Demonstração do Resultado do Exercício	
Receita de Vendas	0,00
(-) CPV	0,00
(+) Variação do Valor Justo	5.000,00
(=) Lucro Bruto	5.000,00

Apesar de não haver vendas, já há a apuração de lucro (econômico) em função da variação patrimonial ocorrida pelo uso do método do valor justo. Poderia ter sido um prejuízo no caso em que o valor justo (mercado) fosse menor do que os custos já incorridos. Com o uso do método do valor justo os resultados já vão sendo alocados mesmo não havendo receitas de vendas.

Balanço Patrimonial – BP

ATIVO		PASSIVO	
Caixa	100.000,00	PL	230.000,00
Estoques – Insumos (AC)	10.000,00	Lucro	5.000,00
Estoques – Rebanhos bovinos (AC)	25.000,00		
Imobilizado – Reprodutores Touros (ANC)	20.000,00		
Imobilizado – Reprodutores Vacas (ANC)	80.000,00		
Total Ativo	235.000,00	Total PL	235.000,00

2º Período

- Nascimento de 80 bezerros no início do período.
- Compra de insumos, pagos à vista $ 50.000.
- Gastos com insumos (todos os custos necessários para manutenção do rebanho no período) $ 40.000.
- O valor justo do rebanho é calculado em $ 80.000 e não houve alteração do valor dos reprodutores (touros e vacas).
- Venda de 50% do rebanho por $ 120.000 à vista.

	Valor Justo - Rebanho		
c	15.000,00	15.000,00	c1

	Resutado Ajuste Valor Justo Rebanho		
d	15.000,00	15.000,00	c

	Caixa		
sl	100.000,00	50.000,00	a
e	120.000,00		
	220.000,00	50.000,00	c1
	170.000,00		

	Receita de Vendas		
x	120.000,00	120.000,00	e

	(AC) Estoques insumos		
sl	10.000,00	40.000,00	b
a	50.000,00		
	60.000,00	40.000,00	
	20.000,00		

	(AC) A.B. Rebanhos Bovinos		
sl	25.000,00	40.000,00	e1
b	40.000,00		
c1	15.000,00		
	80.000,00	40.000,00	
	40.000,00		

	CPV		
e1	40.000,00	40.000,00	x1

	(ANC) Imobilizado A.B. Reprodutores Touros		
sl	20.000,00		

	(ANC) Imobilizado A.B. Reprodutores Vacas		
sl	80.000,00		

	PL		
		235.000,00	sl
		15.000,00	d
		80.000,00	x2
		330.000,00	

	ARE		
x1	40.000,00	120.000,00	x
x2	80.000,00	80.000,00	

Partidas no Diário			
Opera-ção	D/C	Contas Contábeis	Valor $
a)	D	Estoques – Insumos	
	C	Caixa	50.000,00
b)	D	A.B. – Rebanhos Bovinos	
	C	Estoques – Insumos	40.000,00
c)	D	Valor Justo – Rebanhos Bovinos	
	C	Resultado – Ajuste Valor Justo – Rebanho Bovinos	
			15.000,00
c1)	D	A.B. – Rebanhos Bovinos	
	C	Valor Justo – Rebanhos Bovinos	15.000,00
d)	D	Resultado – Ajuste Valor Justo – Rebanho Bovinos	
	C		15.000,00
		PL – Variação Positiva do PL	
e)	D	Caixa	
	C	Receita de Vendas	120.000,00
e1)	D	CPV	
	C	A.B. – Rebanhos Bovinos	40.000,00
x)	D	Receita de Vendas	
	C	ARE – Apuração do Resultado do Exercício	120.000,00
x1)	D	ARE – Apuração do Resultado do Exercício	
	C		40.000,00
		CPV	

Partidas no Diário			
Opera-ção	D/C	Contas Contábeis	Valor $
x2)	D C	ARE – Apuração do Resultado do Exercício Lucro	80.000,00

DRE – Demonstração do Resultado do Exercício	
Receita de Vendas	120.000,00
(-) CPV	(40.000,00)
(=) Lucro operacional	80.000,00
(+) Variação ao valor justo 1	5,000.00
(+) Variação ao valor justo 2	15.000,00
(=) Lucro Bruto	100.000,00

Balanço Patrimonial – BP			
ATIVO		PASSIVO	
Caixa	170.000,00	PL	230.000,00
Estoques – Insumos (AC)	20.000,00	Var.Patr. 1	5.000,00
		Var.Patr. 2	15.000,00
Estoques – Rebanhos bovinos (AC)	40.000,00	Lucro	80.000,00
Imobilizado – Reprodutores Touros (ANC)	20.000,00		
Imobilizado – Reprodutores Vacas (ANC)	80.000,00		
Total Ativo	330.000,00	Total PL	330.000,00

8.8 Contabilização do rebanho leiteiro

As características contábeis entre rebanho de corte e rebanho leiteiro são bastante semelhantes. As mudanças ocorrem em relação à função exercida pelo rebanho.

O rebanho de corte é mantido em seu grande volume no ativo circulante como estoque de rebanho bovino classificado por idade e sexo aguardando a venda e recebendo todos os custos da sua criação e manutenção além da depreciação dos reprodutores (touros e vacas matrizes) sendo que esses últimos são classificados no ativo não circulante, imobilizado, ativos biológicos, reprodutores.

Já no rebanho leiteiro, ao nascerem os bezerros(as), são mantidos também no ativo circulante como estoque de rebanho bovino classificado por idade e sexo aguardando o momento em que as novilhas se tornem aptas a reprodução e lactação. Nesse momento, as novilhas são imobilizadas e passam a sofrer a depreciação. As idades da primeira prenhez e parto variam em função de algumas variáveis como raça e manejo, entre outras. Mas podemos considerar que o primeiro parto idealmente inicie aos 24 meses e ocorra a cada ano com uma vida útil da vaca prevista para 10 anos. Já os bezerros nascidos são desconsiderados e vendidos para pecuaristas de corte ou mesmo frigoríficos para abate. Algumas cabeças de bezerros podem ser mantidas para se tornarem futuros reprodutores. Nesse caso são também imobilizados.

Assim como fizemos para o rebanho de corte, segue uma planificação simplificada de contas envolvendo a cultura leiteira. Não se deseja exemplificar um plano de contas geral, mas enfatizar contas usuais referentes a atividade pecuária leiteira.

Um rebanho com a idade média ao **primeiro parto ideal de 24 meses**, desconsideram os machos, **pode ser classificada em 7 categorias no rebanho:**

◊ Bezerras de 0 a 2 meses;
◊ Bezerras de 2 a 6 meses;
◊ Bezerras de 6 a 12 meses;
◊ Novilhas de 12 a 18 meses;
◊ Novilhas de 18 a 24 meses.

Já os reprodutores e as vacas leiteiras são apresentados no ativo não circulante – imobilizado – ativos biológicos:

◊ Reprodutores (touros)
◊ Vacas em lactação
◊ Vacas secas.

O período seco da vaca é uma fase de preparação para a próxima lactação, ele normalmente tem início nos 60 dias anteriores ao parto, no 7º mês de gestação. Durante estes dois meses que faltam até o próximo parto acontece a regeneração das células da glândula mamária. Nem todos os contadores fazem essa separação.

Após o período de vida útil, tanto das vacas leiteiras quanto dos touros reprodutores, eles são descartados e vendidos para o abate.

Com relação aos gastos de formação do rebanho, manutenção das vacas leiteiras bem como o processo produtivo e ainda os gastos com os touros reprodutores, sejam eles diretos ou indiretos, serão lançados como custo do produto, no caso, o leite.

Os ativos biológicos devem ser mensurados ao valor justo a cada data de balanço, sendo a diferença com o custo lançada em conta de ajuste de valor justo tendo por contrapartida um resultado de ganho ou perda patrimonial.

8.8.1 Proposta de Plano de Contas – Pecuária leiteira

Plano de Contas – Pecuária leiteira

Ativo
 	
Ativo Circulante
 	
Estoques
  Insumos
    rações
    vacinas/medicamentos
    suplementos alimentares...
  Ativos Biológicos
    Rebanhos bovinos
      Bezerras de 0 a 2 meses
      Bezerras de 2 a 6 meses
      Bezerras de 6 a 12 meses
      Novilhas de 12 a 18 meses
      Novilhas de 18 a 24 meses
 	
A entidade é encorajada, mas não obrigada, a fornecer uma descrição quantitativa de cada grupo de ativos biológicos, distinguindo entre ativos para consumo e para produção ou entre ativos maduros e imaturos, conforme apropriado. A entidade deve divulgar a base para a definição de tais distinções.
 	
A manutenção de animais com até 3 anos no ativo circulante é aconselhável, pois a qualquer momento tanto bezerros(as), novilhos(as) ou garrotes podem ser vendidos.

> **Plano de Contas – Pecuária leiteira**
>
> **Ativo não circulante**
>
> Imobilizado
>   Ativos Biológicos
>   Touros (reprodutores)
>   Vacas leiteiras
>   Culturas permanentes em formação
>   Pastos artificiais...
>   Culturas permanentes formadas
>   Pastos naturais
>   Pastos artificiais...
>   (-) depreciação
>   (-) exaustão
> Ou
>
>   Rebanhos bovinos
>   Rebanho leiteiro – imaturos
>   Rebanho leiteiro – maduros
>   Reprodutores imaturos
>   Reprodutores maduros
>
> *Pode ocorrer essa última separação quando houver no plantel animais já reservados para reprodução, mas que ainda se encontram imaturos para a atividade. Isso depende do critério de planejamento do gestor.*

8.9 Depreciação na atividade pecuária

No caso da pecuária são válidas as explicações dadas aos temas com relação às atividades agrícolas. Acrescentam-se aqui os tratamentos específicos em relação ao rebanho.

Apenas a título ilustrativo, fiscalmente, a taxa de depreciação de animais definida pela Receita Federal com base na NCM (Nomenclatura Comum do Mercosul) através da IN RFB nº 1.700/2017, anexo III, tabela 7 (taxa de depreciação dos semoventes), que dispõe sobre pagamento de imposto de renda e da contribuição social sobre o lucro líquido das pessoas jurídicas dentre outas atribuições, é apresentada conforme abaixo[27]:

Tabela de depreciação	Vida útil	% anual
Animais Vivos	5	20%
Animais Vivos das espécies cavalar, asinina e muar	5	20%
Animais Vivos da espécie bovina	5	20%
Animais Vivos da espécie suína	5	20%
Animais Vivos das espécies ovina e caprina	5	20%
Galos, galinhas, patos, gansos, perus e galinhas d'angola (pintadas), das espécies domésticas, vivos.	2	50%

São semoventes os animais que a pessoa jurídica adquire com a finalidade de prestarem-lhe algum tipo de serviço:

a) gado reprodutor: composto por bovinos, suínos, ovinos, equinos e outros destinados à reprodução, mesmo que por inseminação artificial;

b) rebanho de renda: representado por bovinos, suínos, ovinos, equinos e outros que a empresa explora para produção de bens que constituem objeto de suas atividades;

c) animais de trabalho: representados por equinos, bovinos, muares, asininos destinados a trabalhos agrícolas, sela e transporte.

Considerando o conceito de que a depreciação expressa a perda de valor que os bens imobilizados sofrem no decorrer do tempo, que

---

[27] O Regulamento do Imposto de Renda possibilita ao contribuinte adotar taxas de depreciação que melhor representem a vida útil econômica dos bens de produção, desde que determinadas com base em estudos e laudos técnicos especializados.

quando aplicadas aos animais, podemos considerar como a perda de valor pelo seu consumo/trabalho e/ou pelo uso e/ou capacidade de trabalho e/ou utilidade no decorrer da vida (obsolescência).

No caso do gado reprodutor (touros e vacas), a depreciação só será aplicada quando o animal atingir a maturidade para reproduzir. A vaca reprodutora tem certa capacidade de partos possíveis durante a vida e o touro reprodutor após atingir seu ápice vai diminuindo essa capacidade até perder essa capacidade ao menos do ponto de vista economicamente interessante. No caso dos touros, o ideal seria iniciar a depreciação a partir do começo do declínio da capacidade reprodutora, mas seriam necessárias técnicas mais apuradas para essa definição, portanto, normalmente inicia-se a depreciação no início da capacidade reprodutora. Caso os animais sejam adquiridos maduros (maduros para produção), a depreciação é imediata.

Um dos problemas em relação ao gado de reprodução é justamente identificar o declínio da capacidade, que é acelerado ao final da vida útil. Pode haver ainda uma sobrevida para coleta de sêmen. Conforme Marion (2020), em função da variação entre as diversas raças, efeitos do clima, condições de vida etc., ao invés de se aplicar uma curva de eficiência, aplica-se o método linear. Como a vida útil também varia sobremaneira, considera-se a moda como medida estatística apresentando-se os seguintes prazos de vida útil:

- Gado reprodutor mestiço – 5 anos
- Gado matriz mestiço – 7 anos
- Gado reprodutor puro – 8 anos
- Gado matriz puro – 10 anos

Para a vaca leiteira, a depreciação deve ser calculada considerando a vida útil do rebanho iniciando-se quando este atingir a maturidade para reprodução, que dependendo da raça inicia-se por volta de 30 meses chegando até 10 anos. O valor do rebanho deve ser feito através do valor de aquisição e pela valorização do mercado das vacas adquiridas. As vacas criadas devem considerar o custo de formação, quando controlado, caso contrário, pode-se utilizar a média de valor das vacas adquiridas.

Conforme Nacaoagro (2020)[28], apresentamos a título ilustrativo, as principais raças leiteiras e suas características:

Raça	Idade inicial para produção	Volume produção (kg)	Dias de lactação no ano
Holandesa	24 meses	6 a 10 mil kg	305
Girolando	30 meses	5 mil kg	283
Jersey	15 a 18 meses	3,5 a 5,5 mil kg	305
Pardo Suíço	30 meses	2,5 mil kg	200
Guzerá	13 meses	2 mil kg	270

Outras características:

Holandesa	Bastante exigente em relação ao clima, conforto e manejo. Logo, custos mais elevados.
Girolando	Reúne rusticidade e alta produção, precocidade sexual, longevidades e fertilidade.
Jersey	Oferece boa produção, alta fertilidade, longevidade, precocidade sexual. Leite com alto teor de proteínas e gorduras.
Pardo Suíço	Também usado para corte. Oferece bom custo-benefício. Não causa grandes despesa veterinárias.
Guzerá	Também usado para corte. São rústicos, oferecendo bom custo-benefício. Não causa grandes despesa veterinárias. Tem facilidade em ganhar peso com baixo investimento. É raça fértil.

Tanto o gado reprodutor quanto o leiteiro são ao final da vida útil descartados e disponibilizados para venda ao frigorífico.

---

[28] Nacaoagro. Conheça as 5 melhores raças para produção de leite no Brasil. Disponível em https://www.nacaoagro.com.br/noticias/pecuaria/bovinocultura/bovinocultura-de-leite/melhores-racas-bovinos-producao-de-leite/. Acessado em 19/janeiro/2023.

8.9.1.1 Exemplo 1 – Depreciação de touro reprodutor

Supondo um touro reprodutor adquiro por $ 600 com um valor residual de $ 50 que tenha tido uma vida útil de 10 anos entre montada e fornecimento de sêmen, esteja agora sendo descartado para abate por $ 30. Calcule a taxa de depreciação, o valor depreciável e o valor da depreciação anual.

Resolução Exemplo 1 – Depreciação de touro reprodutor

Taxa de depreciação = 100% / 10 anos = 10% ao ano (a.a.)

Valor depreciável = valor do bem – valor residual = $ 600 - $ 50 = $ 550

Valor da depreciação anual = $ 550 x 10% = $ 55,00

Ano 1		Ano 2	
Ativo não circulante		Ativo não circulante	
Imobilizado		Imobilizado	
Touro (reprodutor)	600,00	Touro (reprodutor)	600,00
(-) depreciação acumulada	55,00	(-) depreciação acumulada	110,00
Valor líquido	545,00	Valor líquido	490,00
Ano 3		**Ano 4**	
Ativo não circulante		Ativo não circulante	
Imobilizado		Imobilizado	
Touro (reprodutor)	600,00	Touro (reprodutor)	600,00
(-) depreciação acumulada	165,00	(-) depreciação acumulada	220,00
Valor líquido	4 35,00	Valor líquido	380,00

Ano 5		Ano 6	
Ativo não circulante		Ativo não circulante	
Imobilizado		Imobilizado	
Touro (reprodutor)	600,00	Touro (reprodutor)	600,00
(-) depreciação acumulada	275,00	(-) depreciação acumulada	330,00
Valor líquido	325,00	Valor líquido	270,00
Ano 7		Ano 8	
Ativo não circulante		Ativo não circulante	
Imobilizado		Imobilizado	
Touro (reprodutor)	600,00	Touro (reprodutor)	600,00
(-) depreciação acumulada	385,00	(-) depreciação acumulada	440,00
Valor líquido	215,00	Valor líquido	160,00
Ano 9		Ano 10	
Ativo não circulante		Ativo não circulante	
Imobilizado		Imobilizado	
Touro (reprodutor)	600,00	Touro (reprodutor)	600,00
(-) depreciação acumulada	495,00	(-) depreciação acumulada	550,00
Valor líquido	105,00	Valor líquido	50,00

8.10 Exaustão na atividade pecuária

No caso da pecuária, a exaustão ocorre nos pastos (pastagens) independentemente do tipo de pasto (natural, nativo ou artificial) e do tipo de pastoreio (contínuo, alternado ou rotativo), pois a fertilidade da terra é limitada, além de estar passível de algumas adversidades como incêndio, erosão, ataque de animais ou insetos nocivos ou mesmo mau uso como excesso de rebanho ou falta de cuidados, por exemplo. Logo, deve passar por manutenções periódicas e eventualmente algum processo de renovação. Caso não seja possível, ou inviável, deve ser alocado no resultado do exercício como perda. Todo dispêndio em manutenção ou melhoria efetuada deve sofrer exaustão.

Trata-se de uma cultura permanente devendo ser registrada no ativo circulante imobilizado sofrendo exaustão na medida da perda de sua funcionalidade. O tempo de vida útil deve ser estimado por técnico especializado da área agrícola.

Há algumas controvérsias em relação à exaustão de pastos com determinados tipos de capim que são considerados praticamente permanentes. Mas somente um técnico agrícola para dirimir tal controvérsia.

8.11 Exercício Resolvido

Exercício 1 (Unicentro)
Na pecuária, o método conhecido como manejo diferenciado inclui medidas simples, como a retirada do gado do pasto por um período até que o capim cresça e permita seu retorno. Além de conter o avanço dos animais para novas áreas, a prática fornece a engorda do gado. Ainda, o rebanho é criado obedecendo a métodos modernos que permitem a seleção para corte, reprodução ou leite, utilizando pasto plantado e rações suplementares. Assinale a alternativa que apresenta, corretamente, esse tipo de pecuária:

a) Pecuária de espaços semiáridos.
b) Pecuária extensiva.
c) **Pecuária intensiva.**
d) Pecuária nômade.
e) Pecuária ultra extensiva.

Resolução: A pecuária intensiva é caracterizada pelo intenso uso de aparatos tecnológicos na criação de animais. Nessa modalidade, o gado é criado confinado, sendo extremamente controlado por meio de insumos e equipamentos modernos.

9 A ANÁLISE DE BALANÇOS GERANDO ÍNDICES

A análise de balanços evidencia a situação econômica, financeira e patrimonial da empresa em um determinado período, apresentando índices que podem ser analisados, comparados e que se utilizam de fórmulas matemáticas e modelos estatísticos. Por serem menos aderentes a regras, tanto a geração como a interpretação dos índices contam com certa dose de subjetividade e personalidade do gestor que delas se utiliza. Logo, as interpretações de um mesmo índice ou conjunto de índices com mesmo resultado podem variar de gestor para gestor. Antes de nos aprofundarmos nos índices gerados através dos balanços, vamos relembrar alguns conceitos, modelos e demonstrações contábeis.

9.1 Demonstrações Contábeis[29]

Conforme o art. 176 da lei nº 6.404/1976 as demonstrações contábeis a serem elaboradas ao final de cada exercício são:

---

[29] A lei nº 6.404/1976 designa os relatórios contábeis como demonstrações financeiras, já a CPC 26 R1 designa como demonstrações contábeis. Vários autores também designam como demonstrações financeiro-contábeis ou vice-versa. Qualquer que seja a designação dada, estaremos nos referindo aos mesmos demonstrativos. Iremos no decorrer do livro utilizar qualquer dos termos indistintamente.

- Balanço patrimonial (BP[30]);
- Demonstração dos lucros e prejuízos acumulados (DLPA);
- Demonstração do resultado do exercício (DRE);
- Demonstração dos fluxos de caixa (DFC) (inciso dado pela lei nº 11.638/07);
- Demonstração do valor adicionado (DVA) – (inciso dado pela lei nº 11.638/07), se companhia de capital aberto.

§ 4º As demonstrações serão complementadas por notas explicativas e outros quadros analíticos ou demonstrações contábeis necessárias para esclarecimento da situação patrimonial e dos resultados do exercício.

Conforme a CPC 26 R1, item 9, a finalidade das demonstrações contábeis são:

> "[...] são uma representação estruturada da posição patrimonial e financeira e do desempenho da entidade. O objetivo das demonstrações contábeis é o de proporcionar informação acerca da posição patrimonial e financeira, do desempenho e dos fluxos de caixa da entidade que seja útil a muitos usuários em suas avaliações e **tomada de decisões** econômicas. As demonstrações contábeis também objetivam apresentar os resultados da atuação da administração, em face de seus deveres e responsabilidades na gestão diligente dos recursos que lhe foram confiados. Para satisfazer a esse objetivo, as demonstrações contábeis proporcionam infor-mação da entidade acerca do seguinte: (Redação alterada pela Resolução CFC nº 1.376/2011)

- ativos;
- passivos;
- patrimônio líquido;
- receitas e despesas, incluindo ganhos e perdas;

---

[30] Para tornar a leitura mais agradável, em relação às demonstrações contá-beis, optamos por utilizar suas abreviações ao invés do nome completo.

- alterações no capital próprio mediante integralizações dos proprietários e distribuições a eles; e
- fluxos de caixa".

Essas informações, juntamente com outras constantes das notas explicativas, ajudam os usuários das demonstrações contábeis na previsão dos futuros fluxos de caixa da entidade e, em particular, a época e o grau de certeza de sua geração.

Já no item 10 do CPC 26 R1, define que o conjunto completo das demonstrações contábeis é:
- Balanço patrimonial ao final do período (BP);
- Demonstração do resultado do período (DRE);
- Demonstração do resultado abrangente do período (DRA);
- Demonstração das mutações do patrimônio líquido do período (DMPL);
- Demonstração dos fluxos de caixa do período (DFC); (CPC 03);
- Demonstração do valor adicionado (CPC 09), se exigido legalmente ou por algum órgão regulador ou mesmo se apresentada voluntariamente (CPC 21 – item 5);
- Notas explicativas.

Conforme a ITG 1000 (Micro e pequenas empresas) em seus artigos 26 e 27 temos:

> "26 e 27. A entidade deve elaborar o BP, a DRE as Notas Explicativas ao final de cada exercício social. Quando houver necessidade, a entidade deve elaborá-los em períodos intermediários. As demais, a DMPL, a DFC e a DRA apesar de não serem obrigatórias para as entidades alcançadas por esta Interpretação, **é estimulada** pelo Conselho Federal de Contabilidade".

A entidade pode usar outros títulos nas demonstrações em vez daqueles usados nesta Norma, desde que não contrarie a legislação societária brasileira vigente. A demonstração do resultado abrangente (DRA) pode ser apresentada em quadro demonstrativo próprio ou dentro das mutações do patrimônio líquido (DMPL).

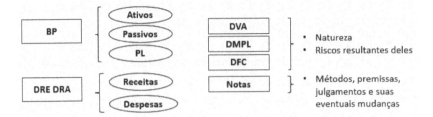

Basicamente, no decorrer do material para elaboração dos índices, iremos nos utilizar principalmente do BP e da DRE.

9.2 Detalhamento do BP

É interessante comparar o BP antes das mudanças introduzidas pela lei nº 11.939/2007 (que alterou disposições da lei nº 6.404/1976) com o BP atual, já que alguns autores e livros, e mesmo alguns termos utilizados em leis e normas tiveram sua origem naquele modelo anterior.

BP antes das mudanças da lei 6.404/1976 pela lei nº 11.638/2007	
ATIVO	**PASSIVO**
Ativo Circulante	Passivo Circulante
Ativo Realizável a Longo Prazo	Passivo Exigível a Longo Prazo
Ativo Permanente	Resultado de Exercício Futuro
Investimento	**PL**
Ativo Imobilizado	Capital Social
Ativo Diferido	Reservas de Capital
	Reservas e Reavaliação
	Reservas de Lucros
	Lucro ou Prejuízo acumulados

BP após das mudanças da lei 6.404/1976 pela lei nº 11.638/2007	
ATIVO	**PASSIVO**
Ativo Circulante	Passivo Circulante
Ativo Não Circulante	Passivo Não Circulante
Realizável a Longo Prazo	**PL**
	Capital Social
Investimento	Reservas de Capital
Imobilizado	Ajustes de Avaliação Patrimonial
Intangível	Reservas de Lucros
	(-) Ações em Tesouraria
	Lucro ou Prejuízo acumulados

9.3 Ativo

"Art. 178. No balanço, as contas serão classificadas segundo os elementos do patrimônio que registrem, e agrupadas de modo a facilitar o conhecimento e a análise da situação financeira da companhia.

§ 1º No ativo, as contas serão dispostas em ordem decrescente de grau de liquidez dos elementos nelas registrados, nos seguintes grupos:

I - ativo circulante; e (Inciso acrescido pela Medida Provisória nº 449, de 3/12/2008, convertida na lei nº 11.941, de 27/5/2009)

II - ativo não circulante, composto por ativo realizável a longo prazo, investimentos, imobilizado e intangível. (Inciso acrescido pela Medida Provisória nº 449, de 3/12/2008, convertida na lei nº 11.941, de 27/5/2009) [...]"

Já conforme o CPC 00 R2 temos:
"4.3 Ativo é um recurso econômico presente controlado pela entidade como resultado de eventos passados.
[...]"

Valor contábil é o montante pelo qual um ativo é reconhecido no balanço patrimonial (NBC TG 28 R4 item 5)

9.3.1 Ativo Circulante (AC)

Conforme o Art. 179 da lei nº 6.404/1976 temos que serão classificadas:

"[...]
I - no ativo circulante: as disponibilidades, os direitos realizáveis no curso do exercício social subsequente e as aplicações de recursos em despesas do exercício seguinte;
[...]"

Conforme o art. 66 do CPC 26 R1, temos que:

"O ativo deve ser classificado como circulante quando satisfizer qualquer dos seguintes critérios:
(a) espera-se que seja realizado, ou pretende-se que seja vendido ou consumido no decurso normal do ciclo operacional da entidade;
(b) está mantido essencialmente com o propósito de ser negociado;
(c) espera-se que seja realizado até doze meses após a data do balanço; ou
(d) é caixa ou equivalente de caixa (conforme definido no Pronunciamento Técnico CPC 03 – Demonstração dos Fluxos de Caixa), a menos que sua troca ou uso para liquidação de passivo se encontre vedada durante pelo menos doze meses após a data do balanço".

9.3.2 Ativo Não Circulante (ANC)

Todos os demais ativos não enquadrados como circulante devem ser classificados como não circulantes.

. O ativo não circulante deve ser subdividido em realizável a longo prazo, investimentos, imobilizado e intangível.

9.3.3 Realizável a Longo Prazo

Conforme o Art. 179 da lei nº 6.404/1976 temos que serão classificadas:

> "[...]
> II - no ativo realizável a longo prazo: os direitos realizáveis após o término do exercício seguinte, assim como os derivados de vendas, adiantamentos ou empréstimos a sociedades coligadas ou controladas (artigo 243), diretores, acionistas ou participantes no lucro da companhia, que não constituírem negócios usuais na exploração do objeto da companhia;
> [...]"

Isso significa que praticamente os mesmos elementos que compõem o ativo circulante poderão participar do ativo não circulante realizável a longo prazo, tendo por base de diferenciação o prazo de sua realização.

9.3.4 Investimentos

Conforme o Art. 179 da lei nº 6.404/1976 temos que serão classificados:

> "[...]
> III - em investimentos: as participações permanentes em outras sociedades e os direitos de qualquer natureza, não classificáveis no ativo circulante, e que não se destinem à manutenção da atividade da companhia ou da empresa;
> [...]"

Logo, devem ser classificadas as contas que representam aplicações de recursos em bens tangíveis e intangíveis não usadas nas atividades da empresa (não classificadas no ativo circulante e no realizável a longo prazo) e por aplicações de recursos em participações societárias permanentes.

Além das anteriores incluiu também outra classificação conforme NBC TG 28 R4 item 7:

> "As propriedades para investimento são mantidas para obter rendas ou para valorização do capital ou para ambas [...]"

9.3.5 Imobilizado

Conforme o Art. 179 da lei nº 6.404/1976 temos que serão classificados:

> "[...]
> IV - no ativo imobilizado: os direitos que tenham por objeto bens corpóreos destinados à manutenção das atividades da companhia ou da empresa ou exercidos com essa finalidade, inclusive os decorrentes de operações que transfiram à companhia os benefícios, riscos e controle desses bens; (Inciso com redação dada pela lei nº 11.638, de 28/12/2007)
> [...]"

Diferentemente dos investimentos, são bens corpóreos, algo que tem corpo, conseguimos visualizar e pegar e que se destinam ao uso nas operações da entidade. Ex.: Imóveis para uso, veículos, máquinas e equipamentos, software (quando o equipamento depende dele para funcionar, como, por exemplo, um sistema operacional como Windows, ou Android) etc.

9.3.6 Intangível

Conforme o Art. 179 da lei nº 6.404/1976 temos que serão classificados:

"[...]
VI - no intangível: os direitos que tenham por objeto bens incorpóreos destinados à manutenção da companhia ou exercidos com essa finalidade, inclusive o fundo de comércio adquirido. (Inciso acrescido pela lei nº 11.638, de 28/12/2007) [...]"

Intangível é o mesmo que incorpóreo, ou algo que não possui corpo, que não é possível visualizar, mas que tem existência e valor econômico, destinados às operações da entidade. Ex.: fundo de comércio (é o ponto comercial que vemos eventualmente em placas do tipo "passo o ponto" nas portas dos comércios, é um sinônimo de "clientela"), marcas e patentes, software (quando o equipamento não depende dele para funcionar, por exemplo, um software aplicativo) etc.

9.3.7 Identificação de um ativo intangível

"Um ativo é considerado intangível quando:
(a) é separável, ou seja, puder ser separado da entidade e vendido, transferido... (Exemplo: uma marca adquirida ou própria pode ser vendida separadamente) ou
(b) é gerado por direitos contratuais ou direitos legais... Independentemente de poderem ser transferidos ou separáveis da entidade (Exemplo: uma licença de operação de telefonia celular está tão intrinsecamente ligada a empresa que não pode ser vendida e é um intangível resultante de uma concessão pública".

Gastos com pesquisa para desenvolvimento de um novo produto deve ser lançado como despesas até se ter certeza da sua viabilidade, e a partir daí lançado como intangível.

9.4 Passivo

"Art. 178. No balanço, as contas serão classificadas segundo os elementos do patrimônio que registrem, e agrupadas de modo a facilitar o conhecimento e a análise da situação financeira da companhia.

[...]

§ 2º No passivo, as contas serão classificadas nos seguintes grupos:

I - passivo circulante; (Inciso acrescido pela Medida Provisória nº 449, de 3/12/2008, convertida na lei nº 11.941, de 27/5/2009)

II - passivo não circulante; e (Inciso acrescido pela Medida Provisória nº 449, de 3/12/2008, convertida na lei nº 11.941, de 27/5/2009)

[...]"

9.4.1 Passivo Circulante

Conforme o art. 69 do CPC 26 R1, temos que:

"O passivo deve ser classificado como circulante quando satisfizer qualquer dos seguintes critérios:

(a) espera-se que seja liquidado durante o ciclo operacional normal da entidade;

(b) está mantido essencialmente para a finalidade de ser negociado;

(c) deve ser liquidado no período de até doze meses após a data do balanço; ou

(d) a entidade não tem direito incondicional de diferir a liquidação do passivo durante pelo menos doze meses após a data do balanço (ver item 73). Os termos de um passivo que podem, à opção da contraparte, resultar na sua liquidação por meio da emissão de instrumentos patrimoniais não devem afetar a sua classificação".

9.4.2 Passivo não circulante

Todos os outros passivos que não se enquadrarem como circulante devem ser classificados como não circulantes. Isso significa que praticamente os mesmos elementos que compõem o passivo circulante poderão participar do passivo não circulante, tendo por base de diferenciação o prazo do seu vencimento.

9.5 Patrimônio Líquido (PL)

Vimos anteriormente, através da equação fundamental do patrimônio $PL = A - P$ (ou o ativo menos o passivo), que o PL é a diferença encontrada entre a subtração dos valores do Ativo com os valores do Passivo.

No CPC 00 R2 encontramos:

> "4.63 Patrimônio líquido é a participação residual nos ativos da entidade após a dedução de todos os seus passivos".

As definições são complementadas pelos itens 4.64 a 4.67 aos que tiverem interesse em se aprofundar no assunto.

9.5.1 Componentes do PL

Conforme lei nº 6.404/1976:

> "Art. 178.
> [...]
> § 2º No passivo, as contas serão classificadas nos seguintes grupos:
> III - patrimônio líquido, dividido em:
> capital social,
>   reservas de capital,
>   ajustes de avaliação patrimonial,
>   reservas de lucros,
>   ações em tesouraria e
>   prejuízos acumulados.

(Inciso acrescido pela Medida Provisória nº 449, de 3/12/2008, convertida na Lei nº 11.941, de 27/5/2009) [...]"

9.5.1.1 Reservas de Capital

Representa valores recebidos pela empresa sem transitar pelo resultado do exercício (Lucro).

9.5.1.2 Ajustes de Avaliação Patrimonial

Todo ajuste efetuado a valor justo nos casos permitidos pela legislação, seja no ativo, seja no passivo, conforme lei nº 11.941/09, terá como contrapartida essa conta.

9. 5.1.3 Reservas de Lucros

São basicamente lucros retidos visando principalmente a proteção dos sócios/acionistas e credores da empresa. São diversas:
- Reserva Legal
- Reserva estatutária
- Reserva de contingências
- Reserva para Incentivos Fiscais
- Reserva de retenção de Lucros
- Reserva de Lucros a realizar
- Reserva de prêmio na emissão de debêntures
- Reserva especial

A legislação pertinente a essas reservas encontra-se entre os arts. 193 a 197 da lei nº 6.404/1976.

9. 5.1.4 Ações em tesouraria

São ações da empresa adquiridas pela própria empresa. É uma conta redutora do PL.

9.5.1.5 Prejuízos Acumulados

Representa o resultado do exercício, em caso de ser negativo. Lembrando que em uma sociedade anônima, o resultado de Lucro deve ser distribuído. Portanto, nesse tipo de empresa o saldo da conta Lucros Acumulados é sempre zero.

9.6 Conceituação do Capital

Nesse ponto já temos os elementos necessários para elaborar os conceitos de Capital que encontramos na Contabilidade.

9.6.1 Capital Nominal ou Capital Social

É basicamente o investimento inicial feito pelos sócios e corresponde ao Patrimônio líquido inicial. O Capital Nominal ou Social só pode ser alterado quando os sócios realizam investimentos adicionais ou desinvestimentos. Normalmente nos referimos a esse tipo de Capital apenas por Capital.

9.6.2 Capital Próprio

Corresponde ao patrimônio líquido, ou seja, o capital nominal mais as variações do patrimônio líquido que se dão basicamente através dos resultados obtidos pela entidade, as reservas de capital e as reservas de lucros, os ajustes patrimoniais e as ações em tesouraria.

9.6.3 Capital de Terceiros

Corresponde ao Passivo (Circulante e Não Circulante) também chamado de Passivo Exigível, já que por pertencer a terceiros em algum momento será exigido que seja pago, devolvido.

9. 6.4 Capital Total

Corresponde à soma do Capital Próprio com o Capital de Terceiros.

9.7 Circulante e Não circulante

A definição de circulante e não circulante está ligada ao ciclo operacional. Ciclo operacional é o tempo entre a aquisição de ativos para processamento e a sua realização em caixa.

Caso o ciclo operacional da entidade seja igual ou inferior a 12 meses, tudo que for se realizar (Ativo) ou se exigir (Passivo) será considerado CIRCULANTE ou de Curto Prazo, tendo como base a data de emissão dos demonstrativos, os demais serão classificados como NÃO CIRCULANTE ou de Longo Prazo.

Caso o ciclo operacional da entidade seja superior a 12 meses, a classificação deverá obedecer ao ciclo operacional da entidade.

A lei nº 6.404/1976 no art. 175 especifica:

> "O exercício social terá duração de 1 (um) ano e a data do término será fixada no estatuto. Parágrafo único. Na constituição da companhia e nos casos de alteração estatutária o exercício social poderá ter duração diversa".

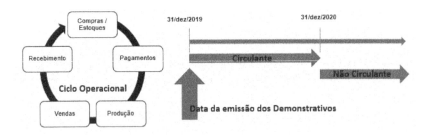

9.8 Modelo Simplificado do Balanço Patrimonial (BP)

O BP demonstra a situação do patrimônio da organização em determinado momento, por isso, chamado de "situação estática". É uma foto daquele momento.

Um modelo de BP, completo aplicado à atividade rural (de acordo com a mudança da lei 6.404/1976 introduzida através da lei 11.638/2007) é exemplificado a seguir. Mostra os subgrupos (Circulante e Não Circulante) tanto do Ativo quanto do Passivo com algumas de suas contas contábeis.

O modelo é válido para apresentação dos elementos principais do BP em relação às atividades agropecuárias, mas, iremos no decorrer do livro utilizar um modelo semelhante e baseado nesse apresentado, porém, após passar por um processo de padronização e simplificação, o que facilitará sua análise.

Balanço patrimonial proposto para atividades agropecuárias
Ativo

Ativo
Ativo Circulante
  Disponibilidades
  Créditos
  Outros créditos
  Estoques
    Insumos
      sal
      sêmen
      sementes
      fertilizantes
      adubos
      rações
      vacinas/medicamentos
      suplementos alimentares
      inseticidas e fungicidas...
    Produtos Agrícolas
      Soja
      Milho
      Arroz...

Contabilidade Gerencial Rural e Ambiental

Balanço patrimonial proposto para atividades agropecuárias
Ativos Biológicos
Culturas temporárias em formação
Soja
Milho
Arroz...
Culturas permanentes em formação (planta portadora)
Café
Algodão...
Colheitas em formação
Café
Algodão...
Colheitas em andamento
Soja
Milho
Arroz
Café
Algodão
Rebanhos bovinos para corte
Bezerros de 0 a 8 meses
Bezerras de 0 a 8 meses
Novilhos de 9 a 18 meses
Novilhas de 9 a 18 meses
Novilhos de 19 a 36 meses
Novilhos acima de 37 meses
Novilhas acima de 19 meses (sem experimentação)
Garrotes acima de 25 meses (sem experimentação)
Ou
Rebanhos bovinos para corte
Rebanho para corte – imaturos
Rebanho para corte – maduros

Balanço patrimonial proposto para atividades agropecuárias

Rebanhos bovinos leiteiros
  Bezerras de 0 a 2 meses
  Bezerras de 2 a 6 meses
  Bezerras de 6 a 12 meses
  Novilhas de 12 a 18 meses
  Novilhas de 18 a 24 meses

A entidade é encorajada, mas não obrigada, a fornecer uma descrição quantitativa de cada grupo de ativos biológicos, distinguindo entre ativos para consumo e para produção ou entre ativos maduros e imaturos, conforme apropriado. A entidade deve divulgar a base para a definição de tais distinções.

A manutenção de animais com até 3 anos no ativo circulante é aconselhável, pois a qualquer momento tanto bezerros(as), novilhos(as) ou garrotes podem ser vendidos.

.

Ativo não circulante

Imobilizado
  Ativos Biológicos
    Culturas permanentes formadas
      Pastos naturais
      Pastos artificiais
      Café
      Algodão...
      (-) depreciação
      (-) exaustão
      Rebanho Bovinos
      Rebanho leiteiro imaturo
      Rebanho leiteiro maduro
      Reprodutores
        Touros (reprodutores) (corte – leiteiro)
        Vacas (matrizes) (corte)
Ou

      Reprodutores imaturos
        Tourinhos (reprodutores) (corte – leiteiro)
        Novilhas (matrizes) (corte)

Balanço patrimonial proposto para atividades agropecuárias
Reprodutores maduros   Touros (reprodutores) (corte – leiteiro)   Vacas (matrizes) (corte)   *Pode ocorrer essa última separação quando houver no plantel animais já reservados para reprodução, mas que ainda se encontram imaturos para a atividade. Isso depende do critério de planejamento do gestor*   Terras para exploração rural   Terras para reserva florestal   etc.

Balanço Patrimonial antes da padronização[31]

Ativo	Atual	Atual -1	Passivo	Atual	Atual -1
AC			PC		
Disponibilidades			Fornecedores		
Aplicações Finan.			Empréstimos		
Clientes			Outros PC		
Estoques			Total PC		
Ativos Biológicos					
Outros AC					
Total AC					

---

[31] Todos os demonstrativos utilizados encontram-se no Apêndice I.

Balanço Patrimonial antes da padronização[31]					
Ativo	**Atual**	**Atual -1**	**Passivo**	**Atual**	**Atual -1**
			PNC		
ANC			Empréstimos		
RLP			Outros PNC		
Investimentos					
Imobilizado					
Intangível			Total PNC		
Total ANC					
			PL		
			Capital		
			Reservas		
			Total do PL		
Total do Ativo			**Total do Passivo**		

9.8.1 Exemplo – Tipos de Capital

Suponha que a empresa possua a seguinte composição de passivo e PL:

- Contas a pagar $ 200
- Empréstimos $ 1.000
- Financiamentos $ 2.500
- Capital Social $ 5.000
- Reservas de Lucros $ 2.000
- Reservas de Capital $ 800

Qual seria o capital próprio, de terceiros e total?

Nesse caso, a empresa apresenta um passivo exigível no total de $ 3.700 ($ 200 + $ 1.000 + $ 2.500) e um PL de $ 7.800 ($ 5.000 + $ 2.000 + $ 800).

- O capital próprio é representado pelo valor do PL, $ 7.800
- O capital de terceiros é representado pelo passivo exigível, $ 3.700
- O capital total é representado pela soma dos dois anteriores, $ 11.500

9.9 Detalhamento da DRE

Conforme a lei nº 6.404/1976 determina que:

> "Art. 187 A demonstração do resultado do exercício discriminará:
> I - a receita bruta das vendas e serviços, as deduções das vendas, os abatimentos e os impostos;
> II - a receita líquida das vendas e serviços, o custo das mercadorias e serviços vendidos e o lucro bruto;
> III - as despesas com as vendas, as despesas financeiras, deduzidas das receitas, as despesas gerais e administrativas, e outras despesas operacionais;
> IV - o lucro ou prejuízo operacional, as outras receitas e as outras despesas; (Inciso com redação dada pela lei nº 11.941, de 27/5/2009)
> V - o resultado do exercício antes do Imposto sobre a Renda e a provisão para o imposto;
> VI - as participações de debêntures, empregados, administradores e partes beneficiárias, mesmo na forma de instrumentos financeiros, e de instituições ou fundos de assistência ou previdência de empregados, que não se caracterizem como despesa; (Inciso com redação dada pela lei nº 11.941, de 27/5/2009)
> VII - o lucro ou prejuízo líquido do exercício e o seu montante por ação do capital social.
> § 1º Na determinação do resultado do exercício serão computados:

a) as receitas e os rendimentos ganhos no período, independentemente da sua realização em moeda; e

b) os custos, despesas, encargos e perdas, pagos ou incorridos, correspondentes a essas receitas e rendimentos.

Basicamente, a descrição apresentada, conforme a lei nº 6.404/1976 preconiza uma das modalidades de composição da DRE chamada por "função da despesa", entretanto, segundo o CPC 26 R1 item 102 e 103 também há a possibilidade de uso de outra modalidade, chamada por "natureza da despesa".

"102. A primeira forma de análise é o método da **natureza da despesa**. As despesas são agregadas na demonstração do resultado de acordo com a sua natureza (por exemplo, depreciações, compras de materiais, despesas com transporte, benefícios aos empregados e despesas de publicidade), não sendo realocados entre as várias funções dentro da entidade. Esse método pode ser simples de aplicar porque não são necessárias alocações de gastos a classificações funcionais.

Um exemplo de classificação que usa o método da natureza do gasto é o que se segue:

DRE modalidade por natureza da despesa
Receitas
(+) Outras Receitas
(=) Total da Receita
(-) Variação de estoque de produtos acabados e em elaboração
(-) Consumo de matéria-prima e materiais
(-) Despesas com Benefícios a empregados
(-) Depreciações e Amortizações
(-) Outras despesas
(=) Total da despesa
(=) Resultado antes dos tributos

103. A segunda forma de análise é o método da função da despesa ou do "custo dos produtos e serviços vendidos", classificando-se as despesas de acordo com a sua função como parte do custo dos produtos ou serviços vendidos ou, por exemplo, das despesas de distribuição ou das atividades administrativas. No mínimo, a entidade divulga o custo dos produtos e serviços vendidos segundo esse método separadamente das outras despesas. Esse método pode proporcionar informação mais relevante aos usuários do que a classificação de gastos por natureza, mas a alocação de despesas às funções pode exigir alocações arbitrárias e envolver considerável julgamento.

Um exemplo de classificação que utiliza o método da função da despesa é a seguinte:

DRE modalidade por função da despesa
Receitas
(-) Custo dos produtos e serviços vendidos
(=) Lucro Bruto
(+) Outras Receitas
(-) Despesas de Vendas
(-) Despesas Administrativas
(-) Outras Despesas
(=) Resultado antes dos tributos

O modelo a seguir segue a modalidade "por função da despesa" de acordo com a lei 6.404/1976.

Demonstração do Resultado do Exercício (DRE) conforme lei nº 6.404/1976
Receita Bruta
Receita de Vendas de mercadorias / prestação de serviços
(-) Deduções de Vendas
ICMS/PIS/COFINS/ISS etc.
Devoluções de Vendas
Descontos ou abatimentos Incondicionais
(=) Receita Líquida
(-) CMV / CPV / CSP
(=) Lucro Bruto
(-) Despesas com vendas
(-) Despesas administrativas
(-) Despesas financeiras
(+) Receitas financeiras
(+-) Outras Despesas ou Receitas Operacionais
(=) Lucro ou Prejuízo operacional
(+) Outras Receitas
(-) Outras Despesas
(=) Resultado antes do IR/CSLL
(-) IR
(-) CSLL
(=) Resultado antes das participações
(-) debêntures
(-) empregados
(-) administradores
(-) partes beneficiárias
(=) Lucro ou Prejuízo Líquido do Exercício
Lucro ou Prejuízo por ação

O modelo a seguir segue a modalidade "por função da despesa" conforme o CPC 26 R1.

Demonstração do Resultado do Exercício (DRE) conforme CPC 26 R1
Receita Bruta
Receita de Vendas de mercadorias / prestação de serviços
(-) Deduções de Vendas
ICMS/PIS/COFINS/ISS etc.
Devoluções de Vendas
Descontos ou abatimentos Incondicionais
(=) Receita Líquida
(-) CMV / CPV / CSP
(=) Lucro Bruto
(-) Despesas com vendas
(-) Despesas administrativas
(+-) Outras Despesas ou Receitas Operacionais
(-) Perdas de Capital
(+) Ganhos de Capital
(=) Resultado antes das Receitas e Despesas Financeiras
(-) Despesas Financeiras
(+) Receitas Financeiras
(=) Resultado antes dos tributos sobre o Lucro
(-) IR
(-) CSLL
(=) Lucro ou Prejuízo Líquido do Exercício
Lucro ou Prejuízo por ação

No Brasil, tanto no ambiente corporativo quanto em concursos, adota-se com mais frequência a apresentação em função da lei nº 6.404/1976. A apresentação entre as duas, não apresenta pontos conflitantes.

Entretanto, nesse livro, para efeito didático iremos utilizar um modelo de DRE mais simplificado, conforme a seguir:

DRE – Demonstração do Resultado do Exercício
Receita Líquida de Vendas
(-) CMV / CPV ou CSP
(=) Resultado Bruto
(+) Outras Receitas
(-) Outras Despesas
(-) Resultado líquido

9.10 Modelo Simplificado da DRE

DRE (6.404/76) antes da padronização	Atual	Atual - 1
Receita Líquida		
(-) CMV/CPV		
(=) Lucro Bruto		
(+) Outras receitas operacionais		
(-) Despesas Operacionais		
Mercantis		
Administrativas		
Financeiras		
Tributárias		
(+) Receitas operacionais/financeiras		
(=) Resultado Operacional		
(-) IR/CSLL		
(-) Participações		
(=) Resultado Líquido		

DRE (6.404/76) padronizado	Atual	Atual -1
Receita Líquida		
(-) CMV/CPV		
(=) Lucro Bruto		
(-) Despesas Operacionais		
(+) Outras receitas operacionais		
(=) Lucro operacional (antes do financeiro)		
(-) Despesas financeiras		
(+) Receitas financeiras		
(=) Lucro Operacional		
(+/-) Resultado não operacional		
(=) Lucro antes do IR/CSLL		
(-) IR/CSLL		
(=) Resultado Líquido		
(-) Custo de oportunidade		
(=) EVA		

Utilizamos, nesse livro o modelo por "função da despesa" conforme lei 6.404/1976. Os modelos da DRE que apresentamos, por uma questão didática, e pelo fato da maioria das DRE's publicadas se apresentarem dessa forma, iniciamos pela Receita Líquida.

Entretanto, para se chegar à Receita Líquida, parte-se da Receita Bruta abatem-se os impostos sobre as vendas, as devoluções e os abatimentos.

9.11 Exercícios Resolvidos - DRE

Exercício 1 – DRE
(IMPE-SE – FCC/2009)
Na demonstração do Resultado do exercício, evidenciam-se:

a) os rendimentos ganhos no período apenas quando realizados em moeda e o resultado líquido do exercício
b) A destinação do resultado do exercício e a distribuição de dividendos aos acionistas
c) Os valores da riqueza gerada pela companhia e a distribuição entre os elementos que contribuíram para a geração dessa riqueza
d) A destinação do resultado do exercício e o montante por ação do lucro do exercício
e) As participações de debêntures, empregados, administradores e partes beneficiárias

Resolução Exercício 1 – DRE
Analisando cada alternativa

a) **Errada** – deve ser elaborada obedecendo ao regime de competência, no qual a receita ganha deve ser considerada independentemente de ter sido recebida ou não
b) **Errada** – A destinação do resultado do exercício ocorre depois de apurado o resultado, no PL.
c) **Errada** – DVA
d) **Errada** – A destinação do resultado ocorre no PL
e) **Correta**

Exercício 2 – DRE
(CESPE/2009 – DPF) – adaptado
Na demonstração do Resultado do exercício, evidenciam-se:

Serviços Prestados	480.000,00
Descontos Promocionais	20.000,00
Propaganda e Publicidade	18.000,00
Descontos Financeiros e Clientes	13.000,00
ISS	23.000,00
Contribuições incidentes sobre a receita	28.000,00
Custo dos serviços prestados	170.000,00

Com base nas informações apresentadas na tabela acima, referentes a uma empresa prestadora de serviços qual foi o lucro bruto apresentado pela empresa:

a) $ 226.000,00
b) $ 221.000,00
c) **$ 239.000,00**
d) $ 198.000,00
e) $ 206.000,00

Resolução Exercício 2 – DRE

Receita Bruta de Serviços Prestados	480.000,00
(-) Descontos Promocionais	(20.000,00)
(-) ISS	(23.000,00)
(-) Contribuições incidentes sobre a receita	(28.000,00)
(=) Receita Líquida de Serviços Prestados	409.000,00
(-) Custo dos serviços prestados	(170.000,00)
Lucro Bruto	239.000,00

10 ANÁLISE ATRAVÉS DE ÍNDICES

O principal objetivo da contabilidade gerencial é fornecer informações consistentes para que os gestores possam analisar o passado e projetar o futuro para **tomada de decisão**. Uma das possibilidades é explorar as informações registradas através das demonstrações contábeis e a partir deles elaborar os mais diversos índices. Através desses índices é possível avaliar a situação econômica e financeira, passada e atual da empresa e poder compará-la com outras empresas do mesmo porte, segmento e ramo. Esse processo começa com a exploração dos demonstrativos contábeis (nesse trabalho escolhemos o BP e a DRE), a padronização desses dados, a elaboração dos índices e por último a sua interpretação individual e contextual.

Fica evidente que é fundamental que a coleta dos dados e seus registros sejam efetuados de maneira adequada nos livros contábeis para que as informações geradas possam ser exploradas eficazmente através dos índices. Aqui cabe uma observação: nesse livro tratamos dos dados financeiros/contábeis, entretanto, para uma boa gestão da fazenda, o gestor deverá também coletar e registrar outras informações, como, por exemplo, as de caráter operacional que possam facilitar elaboração de outras análises específicas.

A exploração dos "balanços"[32] inicia-se pela padronização que nada mais é do que se segregar e detalhar (ao máximo, quando possível) as informações a serem utilizadas e agrupar as demais informações que não serão utilizadas, tentando manter os demonstrativos

---

[32] Alguns autores denominam essa etapa de análise das demonstrações contábeis. Preferimos utilizar a expressão mais popular que é a análise de balanços.

o mais enxuto possível. Claro que, a intensidade e complexidade dessa segregação e agrupamentos dependerá do nível de análise que se desejar fazer. Na sequência do curso, detalhamos melhor essa fase de padronização.

Após a fase de padronização podem ser elaboradas Análise Horizontal (AH) e da Análise Vertical (AV), também em função daquilo que se deseja explorar.

A seguir, partimos para a elaboração dos índices básicos, que de maneira geral podem ser subdivididos em dois grupos: os índices de rotatividade ou atividade e índices financeiros, conforme a seguir:

- Análise Horizontal (AH) e Análise Vertical (AV).
- Análise do Endividamento (estrutura de capitais)
  - ◊ Participação do capital de terceiros (PCT)
  - ◊ Composição do endividamento (CE)
  - ◊ Imobilização do PL (IPL)
  - ◊ Imobilização dos recursos não correntes (IRNC)
  - ◊ Endividamento Geral (EG)
- Análise de liquidez.
  - ◊ Corrente (LC)
  - ◊ Imediata (LI)
  - ◊ Seca (LS)
  - ◊ Geral (LG)
- Análise de rentabilidade.
  - ◊ Giro do ativo (GA)
  - ◊ Margem líquida (ML)
  - ◊ Margem bruta (MB)
  - ◊ Retorno sobre o ativo (RSA ou ROA – *Return on Assets*)
  - ◊ Retorno sobre o PL (ROE – *Return on Equity*)
  - ◊ Retorno sobre o investimento (ROI – *Return on Investment*)
  - ◊ Grau de alavancagem financeira (GAF)
  - ◊ Análise da rentabilidade pelo método DuPont
- Análise de atividade ou rotatividade.
  - ◊ Prazo médio dos estoques – matéria-prima (PME-MP)
  - ◊ Prazo médio dos estoques – em processo de fabricação (PME-PF)
  - ◊ Prazo médio dos estoques – acabados (PME-PA)

- ◊ Prazo médio do recebimento das vendas (clientes) – PMV
- ◊ Prazo médio do pagamento das compras (fornecedores) – PMF
- ◊ Ciclo operacional
- ◊ Ciclo financeiro
- Análise do capital de giro.
  - ◊ Capital Circulante Líquido (CCL)
  - ◊ Necessidade de Capital de Giro (NCG)
  - ◊ Saldo em Tesouraria (ST)
  - ◊ CCL x NCG x ST
- Relação Custo x Volume x Lucro
  - ◊ Margem de Contribuição
  - ◊ Ponto de Equilíbrio
  - ◊ Grau de alavancagem operacional (GAO)

Os demonstrativos contábeis e demais informações de cálculo que utilizamos se encontram no Apêndice I.

A análise através dos índices pressupõe alguns cuidados:

- Índices com grandes desvios em relação ao padrão, ou em relação a outros períodos devem ser pontos de uma análise mais detalhada. Podem ser expurgados da análise sendo substituídos pela média dos demais períodos, por exemplo, evitando-se que contamine a análise.
- Geralmente os índices devem ser analisados em conjunto, mas isso não inviabiliza que determinada situação possa ser avaliada com apenas um ou dos índices.
- Ao analisar períodos diversos, verifique a existência de fatores pontuais, como um período de alta inflação, as consequências da pandemia ou situações atípicas, sazonalidades etc.
- Uniformidade na elaboração das demonstrações contábeis. Quando estamos comparando entre empresas é importante ter isso em mente. Tratamentos contábeis diferentes podem distorcer os resultados.

11 PROCESSO DE PADRONIZAÇÃO DAS DEMONSTRAÇÕES CONTÁBEIS

As demonstrações contábeis não exigem uma disposição rígida com relação, por exemplo, a quantidade, nome e agrupamento das contas contábeis, dentre outras. A exceção são as empresas do sistema financeiro e entidades públicas, que possuem uma estruturação padronizada. Nesse sentido, para facilitar a análise, a padronização é necessária para simplificação, possibilidade de comparação, adequação aos objetivos da análise, maior precisão na classificação das contas e inclusive para descoberta de eventuais erros.

De acordo com Matarazzo (2010), as principais características de um modelo de padronização são:

- O ativo deve apresentar apenas as contas essenciais.
- O subgrupo Circulante (tanto no Ativo quanto no Passivo) ser dividido em Operacional e Financeiro.
- Totalizar o capital de terceiros (Passivo Circulante + Passivo não Circulante).
- No PL considerar o "Capital Social" já deduzido do "Capital a realizar" e somado às "Reservas".

Em períodos inflacionários, as taxas de inflação oficiais seguem critérios inadequados ao propósito de correção dos balanços, uma sugestão é a correção integral através, por exemplo, do dólar, que talvez seja a moeda mais próxima de nossa economia e que mantém certa estabilidade. Mas podem ser usados quaisquer outros tipos de instrumentos que mantenham a capacidade aquisitiva constante.

Dessa maneira, os balanços corrigidos mantêm os valores mais realistas, possibilitado a comparabilidade entre períodos[33].

Nos modelos apresentados nesse livro, consideramos que os valores já estão corrigidos integralmente. Lembrando que essa possibilidade só existe por estarmos tratando de informações gerenciais, ou seja, não necessariamente aderentes a leis, regras e normas, mas sim adequadas às necessidades intrínsecas da entidade.

É também, esperado que no modelo antes da padronização, haja um maior detalhamento facilitando uma análise mais bem elaborada. Por exemplo, na conta Estoques, no caso de uma indústria, é interessante que se tenha a abertura dessa conta se separando qual é estoque de matéria prima, o estoque de produtos em processo e o estoque de produtos acabados, por exemplo. Além disso, se separando os demais estoques, como peças de reposição, material de uso e consumo, limpeza etc. Infelizmente nem sempre isso é possível para usuários externos.

Também no imobilizado é interessante, caso possível, que seja apresentada a depreciação e no intangível a amortização.

Assaf Neto *apud* Padoveze e Benedicto (2011) comenta que "determinados ajustes exigem conhecimentos mais profundos das operações da empresa, cujo acesso normalmente é permitido somente aos analistas internos. [...] Outros ajustes, no entanto, podem ser executados com base nas demonstrações publicadas, devendo o analista fazer sempre uso deles".

11.1 Exemplo de padronização do BP

Como já foi frisado anteriormente, somente nas empresas componentes do sistema financeiro e entidades públicas, não há uma padronização rígida definida sobre a sintetização e nome das contas contábeis apresentadas nos demonstrativos contábeis. Há sim algumas regras como os grandes grupos (Circulante e Não Circulante e respectivos subgrupos, no ativo e passivo), a disposição das contas em ordem decrescente de liquidez (ativo) e ordem crescente de exigi-

---

[33] Para maior aprofundamento na correção integral, sugiro a leitura do apêndice 2 de Matarazzo (2010).

bilidade (passivo). Então, é importante que o analista contábil para facilitar seu trabalho, padronize, ajuste e sintetize os balanços como tarefa primordial. Isso significa fazer uma análise crítica das contas e, considerando sua relevância, transferi-las, se necessário, para outros grupos de contas ou agrupar o saldo de várias contas com significados iguais ou mesmo irrelevantes para o tipo de análise a ser pretendida pelo gestor.

Logo, a padronização serve para simplificação, com redução da quantidade de informações (não dos valores), possibilitando e facilitando a comparação entre balanços de empresas diferentes, a adequação aos objetivos da análise com a realocação de contas, a correção de eventuais deslizes como, por exemplo, contas em que os saldos não coincidem entre o encerramento de um período e início do próximo período entre outros. Por último, em nossos exemplos, as contas tanto do ativo circulante quanto do passivo circulante foram separadas em financeiras e operacionais para efeito dos cálculos da CCL – Capital Circulante Líquido, NCG – Necessidade de Capital de Giro e ST – Saldo em Tesouraria.

A tabela apresentada a seguir, mostra um BP simplificado, padronizado conforme as necessidades.

Balanço Patrimonial padronizado (Modelo)

Ativo	2021	2020	Passivo	2021	2020
AC			**PC**		
Financeiro	46	1.319	**Operacional**	2.580	1.880
Disponibilidades	46	1.319			
	0	0	Fornecedores	671	732
Aplicações Finan.	3.424	164.001	Outros PC	1.909	1.148
	257	278	**Financeiros**	503	297
Operacional	1.931	1.179	Empréstimos	503	297
Clientes	1.177	739	**Total PC**	**3.083**	**2.177**
Estoques		46			
Ativos Biológicos			**PNC**		
			Empréstimos	1.866	1.753
Outros AC	59		Outros PNC	4.486	2.470
Total AC	**3.470**	**3.561**	**Total PNC**	**6.352**	**4.223**
ANC					
RLP					
Ativo Permanente[34]	295	240			
Investimentos	3.658		**PL**		
Imobilizado	5.467	2.212	Capital e Reservas	3.524	2.940
Intangível	69	3.318			
Total ANC	**9.489**	9 5.779	**Total do PL**	**3.524**	**2.940**
Total do Ativo	**12.959**	**9.340**	**Total do Passivo**	**12.959**	**9.340**

11.2 Exemplo de padronização da DRE

Com relação à DRE, apresentamos o modelo padronizado.

---

[34] Ativo Permanente – ou ativo fixo, nomenclatura alterada pela lei nº 11.638/2007 que alterou a lei 6.404/1976. Utilizamos o termo nesse livro totalizar a somatória dos investimentos, imobilizado e intangível, mas, na prática, adota-se não utilizar.

DRE (6.404/76 padronizado)	2021	2020
Receita Líquida (Ativos Biológicos)	4.861	3.309
(-) CMV/CPV	(3.173)	(2.408)
(=) Lucro Bruto	1.688	901
(-) Despesas Operacionais	(377)	(299)
(+) Receitas operacionais	176	186
(=) Lucro operacional (antes do financeiro)	1.487	788
(-) Despesas financeiras	(769)	(527)
(+) Receitas financeiras	319	344
(=) Lucro Operacional	1.037	605
(+/-) Resultado não operacional	0	0
(=) Lucro antes do IR/CSLL	1.037	605
(-) IR/CSLL	(293)	(117)
(=) Resultado Líquido	744	488
(-) Custo de oportunidade (10%)	75	49
(=) EVA	669	439

Na padronização, houve uma separação das receitas e despesas operacionais das receitas e despesas financeiras, criando-se com isso uma totalização intermediária do lucro operacional antes do financeiro. Também se criou uma totalização intermediária de lucro antes do imposto de renda e CSLL (contribuição social sobre o lucro líquido). Por fim, foram incluídos, o custo de oportunidade e o EVA.

A função da padronização é adequar, ajustar e agrupar as informações para facilitar sua utilização. Assim, não há uma fórmula única. Cada gestor tem um modelo particular de fazê-lo, além disso, pode exigir um nível de conhecimento das operações da empresa, que um gestor externo não terá condições de conhecer. De qualquer forma, a leitura das notas explicativas poderá ajudar bastante nesse aprofundamento de conhecimento da empresa, dependendo, é claro, na qualidade desse demonstrativo. Acho interessante, qualquer análise envolvendo os balanços se iniciem com uma leitura crítica das notas explicativas.

12 ANÁLISE HORIZONTAL (AH) E ANÁLISE VERTICAL (AV)[35]

A análise horizontal (AH), também chamada de análise em série temporal, trata normalmente de comparar um mesmo elemento ou um grupo de elementos em períodos diferentes para verificar a variação ocorrida desses elementos ou grupos entre os períodos analisados. Quando se utiliza mais de dois períodos, é possível identificar a tendência (seja de aumento ou de diminuição) do elemento analisado. Já a análise vertical (AV), também chamada de análise em corte transversal, compara elementos dentro de um mesmo período.

Há ainda outras possibilidades de análise como, por exemplo, elaborar a análise vertical dos valores obtidos pela análise horizontal, e vice-versa. Esse tipo de análise é chamado de análise combinada.

Tanto a análise vertical quanto a horizontal podem ser utilizadas em qualquer das demonstrações contábeis, entretanto é mais comum no BP e na DRE. Também é interessante utilizar dessas análises para análise setorial, ou seja, comparar os índices da empresa com os de outras empresas, de segmentos e portes semelhantes.

Atenção: A grande maioria das fórmulas para cálculo dos índices inclui a operação de divisão. Assim, caso o divisor seja nulo, o índice não poderá ser calculado, pois matematicamente não há divisão por zero.

---

[35] Utilizamos a DRE para exemplificar tanto a AH quanto a AV. Mas pode ser utilizado em qualquer dos demonstrativos contábeis.

Ambas são utilizadas quando se quer analisar a tendência de determinada conta. Para tanto, o ideal é trabalhar com no mínimo de 3 a 5 períodos. Nos nossos exemplos, por uma questão de limitação de espaço, trabalharemos com 2 períodos. Nosso intuito é apresentar um modelo de análise.

12.1 Análise Horizontal (AH)

A fórmula utilizada é:

$$AH\ (\%) = \left(\left(\frac{\text{Valor do Período Atual}}{\text{Valor do Período Anterior}} \right) - 1 \right) \times 100$$

Supondo uma DRE referente a dois períodos, 2021 e 2020. Tomando como base o ano de 2020, calcula-se a AH de cada elemento. É evidente que entre períodos maiores, a moeda sofra alterações em função de inflação e outros fatores. Nesse sentido é interessante que seja efetuado algum tipo de ajuste nos valores para que eles evidenciem o mesmo "poder de compra", para que possam ser comparados sem grandes desvios. Lembrando que a contabilidade gerencial não é aderente a regras e normas.

Exemplos:

$$AH\ (\%)\ \text{Receita Líquida} = \left(\left(\frac{4.861}{3.309} \right) - 1 \right) \times 100 = 46{,}90\%$$

DRE (6.404/76 padronizado)	AH (%)	2021	2020
Receita Líquida (Ativos Biológicos)	46,90%	4.861	3.309
(-) CMV/CPV	31,77%	(3.174)	(2.408)
(=) Lucro Bruto	87,23%	1.687	901
(-) Despesas Operacionais	26,08%	(377)	(299)
(+) Receitas operacionais	4,83%	177	186
(=) Lucro operacional (antes do financeiro)	88,70%	1.487	788
(-) Despesas financeiras	45,92%	(769)	(527)
(+) Receitas financeiras	7,26%	319	344
(=) Lucro Operacional	71,40%	1.037	605
(+/-) Resultado não operacional		0	0
(=) Lucro antes do IR/CSLL	71,40%	1.037	605
(-) IR/CSLL	150,42%	(293)	(117)
(=) Resultado Líquido	52,45%	744	488
(-) Custo de oportunidade (10%)		75	49
(=) EVA		669	439

Assim é possível concluir simplificadamente que entre 2020 e 2021:

- A receita líquida teve um aumento de 46,90%.
- O CMV/CPV teve um aumento, porém, inferior ao da receita líquida em 15,13% (46,90% - 31,77%), o que ocasionou um aumento do lucro bruto em 40,33% (87,23% - 46,90%). Em outras palavras, em relação à receita houve uma diminuição do CMV/CPV, levando a crer que a propriedade teve uma maior eficiência no tratamento dos seus custos de produção (matéria-prima, mão de obra direta e custos indiretos de fabricação). Também pode ter ocorrido um aumento dos preços de vendas superior aos eventuais aumentos de preços das compras. Isso impactou positivamente no lucro bruto.

- Em relação às despesas operacionais, considerando que a variação de 26,08% foi inferior à variação das receitas líquidas, 46,90%, indica uma maior eficiência no tratamento das despesas operacionais.
- Já as receitas operacionais tiveram uma ligeira queda de 4,83%. Com isso o lucro operacional antes do financeiro manteve-se praticamente estável em relação ao lucro bruto (88,70% - 87,23% = 1,47%).
- Em relação às despesas financeiras houve uma pequena queda se comparada à receita líquida, demonstrando uma melhor gestão dessas despesas.
- Em relação às receitas financeiras houve uma ligeira diminuição, impactando de maneira não significativa na queda do lucro operacional. Isso pode ocorrer em função de uma melhor gestão dos créditos a clientes, a uma conjuntura de mercado ou mesmo na diminuição da remuneração de investimentos.
- Houve um aumento do IR/CSLL de 150,42% ocasionado uma ligeira queda do lucro líquido em relação ao lucro antes do IR/CSLL em 18,95% (71,40% - 52,45%).

Um fator importante e que devemos sempre ter em mente é o de que nunca devemos fazer uma análise baseando-se apenas em poucos índices (e períodos), mas devemos sempre avaliar o contexto geral.

Havendo mudanças significativas entre os valores estudados de período a período, é importante se verificar se não se trata de algo pontual. Nesses casos, de qualquer maneira é interessante se trabalhar com valor médio. Isso é válido para qualquer índice trabalhado.

A AH possibilita a priorização dos pontos mais críticos para análise, e necessariamente, uma abertura mais analítica das contas facilitará o encontro de possíveis problemas.

12.2 Análise Vertical (AV)

A fórmula utilizada é:

$$AV\ (\%) = \left(\frac{\textbf{Elemento Pesquisado}}{\textbf{Elemento base}} \right) \times 100$$

Na AV, normalmente a análise é elaborada no mesmo período, escolhendo-se um elemento base e se comparando os demais elementos em relação à base escolhida. Não necessariamente deve ser assim, podendo ser escolhido um elemento base diferente para grupos em que haja maior relação, por exemplo. No exemplo a seguir, selecionamos alguns elementos da DRE, tendo como base para a comparação a receita líquida (base).

Exemplo:

$$\text{AV (\%) CMV/CPV (2021)} = \left(\frac{3.174}{4.861} \right) \times 100 = 65,27\%$$

DRE (6.404/76 padronizado)	AV (%)	2021	AV (%)	2020
Receita Líquida (Ativos Biológicos)		4.861	72,77%	3.309 (2.408)
(-) CMV/CPV	65,27%	(3.174)		
(=) Lucro Bruto	34,70%	1.687	27,23%	901
(-) Despesas Operacionais	7,76%	(377)	9,04%	(299)
(+) Receitas operacionais	3,64%	177	5,62%	186
(=) Lucro operacional (antes do financeiro)	30,59%	1.487	23,81%	788
(-) Despesas financeiras	15,82%	(769)	15,93%	(527)
(+) Receitas financeiras	6,56%	319	10,40%	344
(=) Lucro Operacional	21,33%	1.037	18,28%	605
(+/-) Resultado não operacional		0	0	0
(=) Lucro antes do IR/CSLL	21,33%	1.037	18,28%	605
(-) IR/CSLL		(293)	3,54%	(117)
(=) Resultado Líquido	6,03%	744	14,75%	488
(-) Custo de oportunidade (10%)		75		49
(=) EVA	15,31%	669		439

Na análise vertical exemplificada (simplificada para ser didática), foram calculadas as representatividades relativas a todos os elementos componentes em relação ao elemento base Receita Líquida.

Assim, podemos verificar que o CMV/CPV no ano de 2020 representou 72,77% e em 2021 representou 65,27%, em relação à Receita Líquida. Houve uma diminuição relativa do CMV/CPV de 7,50% (72,77% - 65,27%) o que pode demonstrar uma maior eficiência na utilização de recursos produtivos e/ou compras junto aos fornecedores e/ou aumento de preços aos clientes), o que se reflete no melhor resultado bruto em 2021.

Em relação às despesas e receitas, tanto operacionais quanto financeiras, se mantiveram praticamente estáveis, acompanhada de uma ligeira queda nas despesas e uma queda um pouco mais acentuada em ambas as receitas. Isso pode denotar uma manutenção da qualidade na gestão de gastos e créditos.

Como utilizamos dois períodos, foi possível fazermos também a análise combinada (entre AH e AV). Caso utilizemos apenas um período a AV se restringe a verificação do quanto os elementos escolhidos variam em relação a uma determinada base, por exemplo, a receita líquida. Isso é interessante caso a empresa possua índices-padrão, ou seja, índices ideais para comparação com o calculado na empresa.

13 ANÁLISE DE ENDIVIDAMENTO (ESTRUTURA DE CAPITAIS)

A estrutura de capitais indica a origem dos recursos que financiam as operações da empresa. São provenientes de recursos aplicados pelos proprietários, sócios ou acionistas, registrados no PL ou através dos financiamentos de terceiros (empréstimos e financiamentos, por exemplo), registrados no passivo exigível. Assim, esses índices informam como esses capitais estão sendo empregados na organização, a relação entre eles e o nível de dependência do capital de terceiros (dívidas). Quanto maiores as dívidas de gasto fixo, maior a alavancagem financeira e, portanto, maiores os riscos, mas com a possibilidade de maiores retornos financeiros.

Para os índices de endividamento nos baseamos nos elementos do Balanço Patrimonial padronizado (modelo).

13.1 Participação do capital de terceiros (PCT)

A fórmula utilizada é:

$$PCT\ (\%) = \frac{PC + PNC}{PL} \times 100$$

Onde:
- PC = Passivo Circulante
- PNC = Passivo não Circulante
- PL = Patrimônio Líquido

Como o próprio nome sugere, indica qual é a participação de terceiros (P + PNC) em relação ao capita próprio (PL).

Exemplos:

$$PCT\ (\%)\ 2021 = \frac{9.435}{3.524} \times 100 = 267,73\%$$

$$PCT\ (\%)\ 2020 = \frac{6.400}{2.940} \times 100 = 217,68\%$$

É um índice que isoladamente, na visão do financeiro, quanto menor melhor, pois, indica uma menor dependência do capital de terceiros, entretanto, deve ser analisado em conjunto com outros índices, por exemplo, com o grau de alavancagem financeira (GAF). O retorno dado pelo uso do capital de terceiros através de investimentos, pode ser maior que os juros pagos, melhorando a rentabilidade da empresa. Empresas podem trabalhar bastante alavancadas (endividadas) desde que se tenha absoluto controle sobre o fluxo de caixa.

No caso exemplificado, o PCT entre 2021 e 2020 teve um aumento, ou seja, a empresa ficou mais endividada.

Avaliando em valor moeda, em 2020 para cada $ 100,00 de capital próprio, a empresa possuía $ 267,73 de capital de terceiros. Em 2021 para cada $ 100,00 de capital próprio, a empresa possuía $ 217,68 de capital de terceiros.

13.2 Composição do endividamento (CE)

A fórmula utilizada é:

$$CE\ (\%) = \frac{PC}{PC + PNC} \times 100$$

Onde:
- PC = Passivo Circulante
- PNC = Passivo não Circulante

A CE indica qual é a proporção do capital de terceiros de curto prazo (PC) em relação ao capital total de terceiros (PC + PNC), curto e longo prazos.

Exemplos:

$$CE\ (\%)\ 2021 = \frac{3.083}{9.435} \times 100 = 32,68\%$$

$$CE\ (\%)\ 2020 = \frac{2.177}{6.400} \times 100 = 34,02\%$$

Analisando individualmente os índices, essa é uma composição de endividamento que não requer atenção imediata em ambos os períodos, pois a proporção das dívidas de curto prazo de 1/3 em relação ao endividamento total e houve uma diminuição entre 2020 e 2021. Esse índice é do tipo quanto menor melhor, já que é melhor ter uma maior proporção de dívidas de longo prazo, ficando mais fácil administrar os pagamentos.

Avaliando em valor moeda, em 2020 para cada $ 100,00 de capital total de terceiros, $ 32,68 são de curto prazo e, por diferença, $ 67,32 de longo prazo. Já em 2021 para cada $ 100,00 de capital total de terceiros, $ 34,02 são de curto prazo e $ 65,98 de longo prazo.

13.3 Imobilização do PL (IPL)

A fórmula utilizada é:

$$IPL\ (\%) = \frac{AP}{PL} \times 100$$

Onde:
- AP = Ativo Permanente => Imobilizado + Investimentos + Intangível
- PL = Patrimônio Líquido

Como o próprio nome diz, a IPL indica o quanto do PL está imobilizado, ou seja, o quanto do capital próprio da empresa foi aplicado no chamado ativo permanente composto pelo imobilizado, investimentos e intangível que se encontram no Ativo não circulante.

Imobilizar recursos significa diminuir a liquidez, ou seja, os recursos imobilizados demoram mais a ser tornar Caixa.

Esse índice, quando acima de 100%, indica que o PL é insuficiente para as imobilizações e que possivelmente a empresa terá que imobilizar recursos provenientes de terceiros.

É um índice do tipo quanto menor melhor.

Exemplos:

$$\text{IPL (\%) 2021} = \frac{9.194}{3.524} \times 100 = 260{,}89\%$$

$$\text{IPL (\%) 2020} = \frac{5.539}{2.940} \times 100 = 188{,}40\%$$

A situação apresentada indica que a empresa tem todo seu patrimônio líquido imobilizado e ainda a quase totalidade no capital de terceiros de longo prazo (passivo não circulante). Isso varia dependendo da atividade já que na pecuária leiteira o rebanho fica no ativo não circulante – imobilizado e na pecuária de corte o rebanho fica no ativo circulante – rebanhos bovinos para corte, a imobilização na pecuária leiteira tende a ser maior do que na pecuária de corte. Na atividade agrícola as culturas em formação, bem como os produtos agrícolas, se mantêm no ativo circulante, e somente é imobilizada na cultura permanente formada. Isso indica que pode haver uma variação dependendo do tipo de cultura que a propriedade produz. Também a propriedade estudada possui um elevado grau de investimentos.

Mas, sempre lembremos que devemos analisar os índices contextualmente e não individualmente, já que essa imobilização pode estar gerando retornos suficientes para a empresa e/ou ainda que ela possua uma gestão eficiente de fluxo de caixa ou ainda que seja necessária em função da atividade praticada. De qualquer forma, para cobrir as necessidades de investimentos no ativo permanente, a empresa deve buscar preferencialmente financiamentos de longo prazo (normalmente com melhores taxas de juros) e priorizando aplicar recursos próprios no capital de giro.

13.4 Imobilização dos recursos não correntes (IRNC)

A fórmula utilizada é:

$$IRNC\ (\%) = \frac{AP}{PL + PNC} \times 100$$

Onde:
- AP = Ativo Permanente => Imobilizado + Investimentos + Intangível
- PL = Patrimônio Líquido
- PNC = Passivo não Circulante

O IRNC é semelhante ao IPL, porém acrescenta em seu divisor o capital de terceiros de longo prazo (passivo não circulante).

Indica o quanto do PL acrescido do passivo não circulante está imobilizado, ou seja, o quanto do capital próprio da empresa mais o capital de terceiros de longo prazo foi aplicado no ativo permanente.

Esse índice, quando acima de 100%, indica que o capital próprio acrescido do capital de terceiros de longo prazo é insuficiente para as imobilizações e que possivelmente a empresa imobilizou recursos provenientes de endividamentos de curto prazo para financiar seu permanente. Isso é crítico.

Uma das premissas para aplicação de recursos no permanente é que esses recursos aplicados tenham um prazo de vencimento compatível com a vida útil do bem imobilizado, ou minimamente que o bem imobilizado possa gerar recursos para saldar o financiamento no decorrer de parte da sua vida útil. É um índice do tipo quanto menor melhor.

Exemplos:

$$IRNC\ (\%)\ 2021 = \frac{9.194}{9.876} \times 100 = 93{,}09\%$$

$$IRNC\ (\%)\ 2020 = \frac{5.539}{7.163} \times 100 = 77{,}33\%$$

Em conjunto com o IPL é possível verificar que a empresa imobilizou todo o seu capital próprio, e ainda recorreu ao capital de terceiros. Lembrando que a imobilização ideal (dependendo da situação) deve ser feita através do capital de terceiros de longo prazo (PNC), reservando seu capital próprio (PL) para financiar o capital de giro, por exemplo.

13.5 Endividamento geral (EG)

A fórmula utilizada é:

$$EG\ (\%) = \frac{PC + PNC}{AC + ANC} \times 100$$

Onde:
- PC = Passivo Circulante
- PNC = Passivo não Circulante
- AC = Ativo Circulante
- ANC = Ativo Não Circulante

O EG mede a proporção de dívidas que financia o ativo total da empresa. Quanto mais elevado mais a proporção de capital de terceiros usada para gerar lucro.

Exemplos:

$$EG\ (\%)\ 2021 = \frac{9.435}{12.959} \times 100 = 72,81\%$$

$$EG\ (\%)\ 2020 = \frac{6.400}{9.340} \times 100 = 68,52\%$$

A empresa se endividou um pouco mais em 2021. Avaliando em valor moeda, em 2020, para cada $ 100,00 de ativos, $ 68,52 foram financiados com recursos de terceiros. Já em 2021 esse financiamento aumentou para $ 72,81. Dependendo da qualidade da dívida, a alavancagem financeira pode aumentar o retorno esperado.

O EG apesar de ser bastante utilizado, possui em sua formulação tanto ativos quanto passivos não circulantes, e nesses casos, não sabemos os prazos de realização dos ativos ou vencimento dos passivos, o que torna a análise pouco eficiente do ponto de vista analítico.

14 ANÁLISE DE LIQUIDEZ

A análise de liquidez demonstra a capacidade de solvência ou a capacidade financeira da organização para pagamento de suas dívidas. É necessário ter em mente que na análise de liquidez, não se considera apenas o disponível (caixa, Bancos e aplicações de resgate imediato), mas também os estoques, as duplicatas a receber e as aplicações com resgate não imediato, por exemplo. Nesse caso considerar que os prazos de recebimento ou realização dos ativos podem não estar adequados aos prazos de pagamento dos passivos. É necessária uma sincronicidade entre os prazos de realização e pagamentos. O declínio dos índices de liquidez no decorrer do tempo pode antecipar problemas futuros de fluxo de caixa e insolvência da empresa. Logo, para uma melhor análise é importante dispor das informações dos diversos prazos envolvidos. Para os índices de liquidez exemplificados a seguir, nos baseamos nos elementos do Balanço Patrimonial padronizado (modelo).

14.1 Liquidez corrente (LC)

A fórmula utilizada é:

$$LC = \frac{AC}{PC}$$

Onde:
- AC = Ativo circulante (recursos de curto prazo)
- PC = Passivo circulante (dívidas de curto prazo)

A LC indica o quanto a empresa possui de recursos de curto prazo (Ativo circulante) para liquidar dívidas também de curto prazo (Passivo circulante).

É uma medida da "saúde" financeira da empresa. É do tipo quanto maior melhor; preferencialmente um resultado de 2,0 pontos ou acima é aceitável. Cada segmento de negócio tem uma necessidade específica de liquidez. Mas, o excesso de liquidez pode indicar que a empresa esteja com recursos disponíveis em caixa ou em aplicações de baixa remuneração (liquidez imediata), e que estes poderiam estar sendo aplicados, por exemplo, no mercado financeiro ou em *hedge*[36] junto a fornecedores etc.

Exemplos:

$$LC\ 2021 = \frac{3.470}{3.083} = 1,12$$

$$LC\ 2020 = \frac{3.561}{2.177} = 1,63$$

Avaliando em valor moeda, em 2020 para cada $ 100,00 de dívida de curto prazo (PC) a empresa dispunha de $ 163,00 de recursos de curto prazo (AC) para saldá-la, ou seja, havia um excedente de $ 63,00. Já em 2021 para cada $ 100,00 de dívida de curto prazo (PC) a empresa dispunha de $ 112,00 de recursos de curto prazo para saldá-la, ou seja, havia um excedente de $ 12,00. O excesso de liquidez, salvo situações especiais não é interessante e nesse sentido podemos afirmar que em 2021 a gestão encontrou um melhor equilíbrio na capacidade de solvência da empresa, pois eliminou parte do excesso de liquidez. Mas cada caso é um caso. O excesso de liquidez pode ser uma estratégia da empresa para enfrentar períodos de contextos econômicos instáveis e imprevistos, por exemplo.

---

[36] Em linhas gerais, *hedge* é uma estratégia de investimentos que tem por objetivo proteger o valor de um ativo – uma ação, uma moeda, a compra de mercadorias, compra de matéria-prima ou outros – contra a possibilidade de variações de preços futuras.

14.2 Liquidez seca (LS)

A fórmula utilizada é:

$$LS = \frac{AC - Estoques}{PC}$$

Onde:
- AC = Ativo circulante
- PC = Passivo Circulante

Estoques podem ser um agravante na sua análise, pois não podemos prever com certeza as características de mercado, já que não sabemos de antemão se haverá um problema econômico, ou a entrada de um concorrente, ou mesmo a obsolescência do nosso produto ou mercadoria, dificultando ou mesmo inviabilizado as vendas dos estoques. No caso da agropecuária, trabalhasse com produtos vivos ou alguns altamente perecíveis e ainda sujeitos a intempéries como clima, doenças etc.

Além disso, na conta estoques podemos ter diversos tipos de estoques (produtos agrícolas, insumos etc.). Na pecuária de corte, o rebanho é mantido no ativo circulante – rebanho para corte, para engorda até o momento da venda para abate, mas isso não impede que sejam vendidos a qualquer momento, o que evidencia ter características de estoques, porém classificado em outro grupamento. Na pecuária leiteira, devido a perecibilidade do leite, ele é enviado as usinas de beneficiamento praticamente imediatamente salvo propriedades maiores que possuam sistemas de armazenamento, refrigeração etc. Nesse caso, na atividade leiteira se não houver a produção de algum outro subproduto derivado do leite, trabalha-se praticamente sem estoques para venda.

A liquidez seca elimina da fórmula a influência dos estoques, mas deve ser avaliada com cuidado pelo gestor para cada negócio individual. Isso permite uma visão da capacidade de pagamento de curto prazo mais líquida.

Também, é necessário que saibamos a proporção das condições de recebimento, do que é à vista convertendo-se em caixa imediatamente, ou a prazo, que só se converterão em caixa no futuro.

Nesse sentido, nosso exemplo vai considerar apenas os estoques do modelo que **apresentamos**, sem considerar os ativos biológicos de rebanho de corte que porventura existam. Na há ninguém melhor que o gestor para adequar a fórmula da liquidez seca segundo as suas necessidades.

Exemplos:

$$\text{LS } 2021 = \frac{3.470 - 1.931}{3.083} = 0,50$$

$$\text{LS } 2020 = \frac{3.561 - 1.179}{3.083} = 0,77$$

Avaliando em valor moeda, em 2020, para cada \$ 100,00 de dívidas de curto prazo (PC), a empresa dispõe de \$ 77,00 de recursos de curto prazo (AC), desconsiderando os estoques para saldá-la. Já em 2021, para cada \$ 100,00 de dívidas de curto prazo, a empresa dispõe de \$ 50,00 de recursos de curto prazo para saldá-la, também desconsiderando os estoques. Ou seja, em ambos os períodos, a empresa necessitaria vender seus estoques para saldar suas dívidas de curto prazo. Podemos considerar então, que essa empresa é dependente de suas vendas para pagar suas dívidas de curto prazo. Quanto menor for esse índice, maior será a dependência das vendas para a empresa pagar suas dívidas de curto prazo e vice-versa.

14.3 Liquidez imediata (LI)

A sua fórmula é:

$$\text{LI} = \frac{\textbf{Disponível}}{\textbf{PC}}$$

- Disponível = Caixa, bancos (conta corrente) e aplicações de resgate imediato.
- PC = passivo circulante.

A característica da LI é verificar o quanto da dívida de curto prazo (PC) é possível de ser paga com recursos de curtíssimo prazo (disponível). É o índice de maior liquidez. Da mesma forma que na liquidez corrente e seca, seu excesso não é interessante para a rentabilidade da empresa, mas, que segundo a teoria clássica de finanças, pode ser uma boa medida para enfrentar situações de contexto econômico instável e imprevista. Empresas avessas ao risco costumam manter proteção através da liquidez (sobretudo a imediata). Portanto, essa avaliação cabe ao financeiro de cada empresa.

Exemplos:

$$\text{LI } 2021 = \frac{46}{3.083} = 0,01$$

$$\text{LI } 2020 = \frac{1.319}{2.177} = 0,60$$

Avaliando em valor moeda, em 2020, para cada \$ 100,00 de dívidas de curto prazo (PC), a empresa dispunha de \$ 60,00 de recursos de curtíssimo prazo (Disponibilidades) para saldá-la. Ou seja, a empresa tinha capacidade de saldar 60% de sua dívida de curto prazo apenas com seu disponível. Já em 2021, praticamente inexiste disponível. Nesse caso, houve uma diminuição drástica desse índice entre os dois períodos. A propriedade em 2020 poderia estar se resguardando de alguma possível crise e se manteve com maior disponibilidade em caixa, ou de fato ocorreu alguma necessidade pontual de se esvaziar o caixa em 2021.

Esse índice mede o quanto a empresa tinha disponível em curtíssimo prazo para pagar suas dívidas de curto prazo.

14.4 Liquidez geral (LG)

A sua fórmula é:

$$\text{LG} = \frac{\text{AC} + \text{RLP}}{\text{PC} + \text{PNC}}$$

- AC = ativo circulante
- RLP = realizável a longo prazo

- PC = passivo circulante
- PNC = passivo não circulante

A LG considera os ativos realizáveis de curto e longo prazo assim como os passivos exigíveis, também de curto e longo prazo. Reflete a capacidade de pagamento da empresa a longo prazo. Entretanto, apresenta o mesmo problema de análise do endividamento geral, pois, se os prazos, tanto de realização quanto de vencimento são mais previsíveis no curto prazo, no longo prazo podem variar consideravelmente. Isso torna esse índice, no nosso entender, pouco prático caso se necessite de uma maior precisão, apesar de ser usado no mercado. Talvez, para uma avaliação de tendências, considerando muitos períodos, seja interessante.

Exemplos:

$$\text{LG 2021} = \frac{3.470 + 295}{3.083 + 6.352} = 0,40$$

$$\text{LG 2020} = \frac{3.561 + 240}{2.177 + 4.223} = 0,59$$

Avaliando em valor moeda, em 2020 para cada $ 100,00 de dívida com terceiros (PC + PNC) a empresa dispunha de $ 59,00 de recursos realizáveis (AC + RLP) para saldá-la. Já em 2021 para cada $ 100,00 de dívida com terceiros (PC + PNC) a empresa dispunha de $ 40,00 de recursos realizáveis para saldá-la.

Analisando-se, sem considerar o contexto geral, poderíamos concluir que a empresa trabalha sem muita liquidez, mas sempre lembrando que havendo um fluxo de caixa adequado, é possível se trabalhar. O risco nesse caso seria a ocorrência de algum problema de mercado, uma crise, uma variação climática severa ou qualquer outro problema que abalasse as vendas previstas.

15 ANÁLISE DE RENTABILIDADE

Podemos definir que a rentabilidade é o resultado operacional da empresa em um determinado período. É a referência principal para os investidores na empresa (proprietários, sócios, acionistas), ou seja, quanto de retorno um determinado investimento está realizando. Em outras palavras, o quanto o capital próprio (ou PL) está remunerando o investidor. Outra abordagem se preocupa em mensurar a rentabilidade da empresa e não necessariamente do investidor, e nesse caso, busca medir a rentabilidade do ativo operacional (que é o investimento total feito na empresa). Ainda há uma terceira abordagem que considera principalmente a influência do capital de terceiros (empréstimos e financiamentos) causadora da alavancagem financeira sobre a rentabilidade da empresa.

Aqui vale uma observação diferenciando lucratividade e margem de rentabilidade. Tomando Padoveze e Benedicto (2011) temos:

> "Lucratividade e margem podem ser consideradas como sinônimas. Representam o lucro obtido relação ao valor de vendas [...] são expressas tanto em valor quanto percentual."
> "Rentabilidade relaciona o lucro obtido com o investimento feito ou existente. O objetivo da rentabilidade é determinar o retorno do investimento [...] tem por finalidade saber se o retorno real foi coerente com o retorno planejado."

15.1 Giro do ativo (GA)

A sua fórmula é:

$$GA = \frac{RL}{ATIVO\ TOTAL}$$

Onde:
- RL = receita líquida (DRE),
- Ativo = ativo total (circulante + não circulante)

Esse índice mede o nível de eficiência com que os recursos aplicados (Ativo) são utilizados. Indica a produtividade desses recursos. Lembre-se que produtividade está ligada a resultado. Quanto melhor a produtividade em relação a determinado recurso, melhor será o resultado apresentado (lucro).

É do tipo quanto maior melhor.

Como esse índice considera o total do Ativo e esse pode conter elementos que nada ou pouco contribuem no processo de obtenção de resultados é importante uma análise para verificar se o ativo não está superavaliado em função disso.

Normalmente, as empresas comerciais possuem maior GA do que as empresas industriais (o ciclo operacional é bem mais longo). Também as prestadoras de serviços possuem GA muito variado em função do tipo de serviço prestado.

Exemplos:

$$GA\ 2021 = \frac{4.861}{12.959} = 0,3751$$

$$GA\ 2020 = \frac{3.309}{9.340} = 0,3543$$

O giro é praticamente igual entre os dois períodos. É um giro baixo e só é possível ter noção se é bom ou não o comparando com o de outras empresas do mesmo setor / segmento e porte. O gestor tem o valor ideal a ser almejado para sua empresa. A atividade agropecuária é de baixo giro, já que seu produto necessita de formação, o que pode levar muito tempo e necessidade de recursos antes de começar a apresentar resultados.

Avaliando em valor moeda, em 2020 para cada $ 100,00 de Ativo total (AC + ANC) a empresa realizou $ 35,43 de receita líquida. Já em 2021 para cada $ 100,00 Ativo total (AC + ANC) a empresa realizou $ 37,51 de receita líquida.

15.2 Margem bruta (MB)

O correto é a de que as margens sejam tratadas relativamente as culturas a que se referem. Por exemplo, se tenho uma cultura de soja e outra de milho, tenho que tratar as variáveis separadamente de cada uma delas e apurar as Margens separadas de cada cultura. Para efeito didático, não fizemos essa separação, porém se a fazenda analisada possuir cinco culturas diferentes, seus balanços analíticos terão que ter os valores separados de cada uma delas. Isso vale para todas as margens estudadas.

Mede a porcentagem de cada unidade monetária de venda que permanece no resultado da empresa após a dedução do CMV/CPV/CPS (custos da mercadoria ou produto vendido/custos da prestação de serviços).

A sua fórmula é:

$$\text{MB (\%)} = \frac{\text{LB}}{\text{RL operacional}} \times 100$$

Onde:
- LB = lucro bruto (DRE),
- RL = receita líquida operacional (vendas) (DRE)

É um índice importante no comércio, por exemplo, pois de maneira rápida mostra o momento em que o CMV aumenta exigindo um aumento do preço de venda para que a margem bruta permaneça a mesma.

É do tipo quanto maior melhor.

Exemplos:

$$\text{MB (\%) 2021} = \frac{1.687}{4.861} \times 100 = 34,70\%$$

$$\text{MB (\%) 2020} = \frac{901}{3.309} \times 100 = 27,22\%$$

O melhor resultado ocorreu em 2021 com uma taxa de lucratividade de 34,70% ante 27,22% em 2020. Esse índice só pode ser incrementado através do aumento da receita o que nem sempre é viável em um mercado concorrido, ou diminuindo-se custos de produção – CPV e/o aquisição de mercadorias – CMV ou custo da prestação de serviços – CSP. Além disso, se a margem bruta for negativa, será impossível cobrir o restante das despesas.

Avaliando em valor moeda, em 2020 para cada $ 100,00 de receita líquida a empresa obteve um lucro bruto de $ 27,22. Já em 2021 para cada $ 100,00 de receita líquida a empresa lucrou $ 34,70.

15.3 Margem operacional I (MO I)

Mede a porcentagem de cada unidade de venda monetária de venda que permanece no resultado da empresa após a dedução de todos os gastos operacionais, ou do lucro operacional antes das despesas financeiras. É o chamado "lucro puro".

A sua fórmula é:

$$\text{MO I (\%)} = \frac{\textbf{Lucro antes do financeiro}}{\textbf{RL}} \times 100$$

Onde:
- RL = receita líquida (DRE)

A margem operacional I mostra a lucratividade gerada antes do financeiro. É do tipo quanto maior melhor.

Exemplos:

$$\text{MO I (\%) 2021} = \frac{1.487}{4.861} \times 100 = 30{,}59\%$$

$$\text{MO I (\%) 2020} = \frac{788}{3.309} \times 100 = 23{,}81\%$$

O melhor resultado ocorreu em 2021 com uma taxa de lucratividade de 30,59% ante 23,81% em 2020. Esse índice pode ser incrementado através da diminuição relativa das despesas operacionais.

Avaliando em valor moeda, em 2020 para cada $ 100,00 de Receita líquida a empresa lucrou operacionalmente $ 23,81. Já em 2021 para cada $ 100,00 de Receita líquida a empresa lucrou operacionalmente $ 37,14.

15.4 Margem operacional II (MO II)

Em relação à margem operacional I, inclui as receitas e despesas financeiras no cálculo.

$$\text{MO II (\%)} = \frac{\textbf{Lucro operacional}}{\textbf{RL}} \times 100$$

Onde:
- RL = receita líquida (DRE)

A margem operacional II mostra a lucratividade gerada após o financeiro. É do tipo quanto maior melhor.

Exemplos:

$$\text{MO II (\%) 2021} = \frac{1.037}{4.861} \times 100 = 21{,}33\%$$

$$\text{MO II (\%) 2020} = \frac{605}{3.309} \times 100 = 18{,}28\%$$

O melhor resultado ocorreu em 2021 com uma taxa de lucratividade de 21,33% ante 18,28% em 2020. Esse índice pode ser incrementado através da diminuição relativa das despesas financeiras ou aumento das receitas financeiras.

Avaliando em valor moeda, em 2020 para cada $ 100,00 de Receita líquida a empresa lucrou operacionalmente $ 18,28. Já em 2021 para cada $ 100,00 de Receita líquida a empresa lucrou operacionalmente $ 21,33.

15.5 Margem líquida (ML)

Mede a porcentagem de cada unidade monetária de venda que permanece no resultado da empresa após a dedução de todos os gastos operacionais e financeiros.

A sua fórmula é:

$$ML\ (\%) = \frac{LL}{RL} \times 100$$

Onde:
- LL = lucro líquido (DRE)
- RL = receita líquida (DRE)

A margem líquida mostra a lucratividade total gerada. O ideal é que o máximo de lucro seja extraído com o mínimo de receita. O seja, é do tipo quanto maior melhor, entretanto, também deve ser comparado com outras empresas do mesmo setor / segmento e porte para se ter noção da qualidade do seu índice. Na elaboração desse índice é importante atentar para os fatores que podem afetar o lucro como gastos não operacionais e critérios de custeio dos produtos/mercadorias/serviços.

Quanto maior o giro, há a possibilidade de se diminuir a margem de lucro (margem líquida), possibilitando praticar preços de venda mais baixos aumentando as vendas e atingindo novos mercados consumidores.

Exemplos:

$$ML\ (\%)\ 2021 = \frac{744}{4.861} \times 100 = 15,31\%$$

$$ML (\%)\ 2020 = \frac{488}{3.309} \quad x\ 100 = \quad 14,75\%$$

O melhor resultado ocorreu em 2021 com uma taxa de lucratividade de 15,31% ante 14,75% em 2020. Esse índice pode ser incrementado através do aumento da receita, através do aumento do preço, o que nem sempre é viável em um mercado concorrido, ou diminuindo-se os gastos (custos e despesas, sem afetar a qualidade).

Avaliando em valor moeda, em 2020 para cada $ 100,00 de receita líquida a empresa lucrou $ 14,75. Já em 2021 para cada $ 100,00 de receita líquida a empresa lucrou $ 15,3.

15.6 MB x MO I x MO II x ML

Índice	2021	2020	diferença
MB (%)	34,70%	27,22%	7,48%
MO I (%)	30,59%	23,81%	6,78%
MO II (%)	21,33%	18,28%	3,05%
ML (%)	15,31%	14,75%	0,56%

Analisando os resultados comparativos das margens, podemos verificar uma melhora entre os 2 períodos em relação a todas as margens, com uma pequena diminuição entre a bruta e a operacional I, aumentando para a operacional II, e mais significativamente entre a operacional II e a líquida. Ocorre que as despesas tanto operacionais quanto as financeiras tiveram uma queda inferior às quedas registradas nas receitas operacionais e financeiras, ocasionando a diminuição da diferença entre as margens. Por fim houve uma elevação do IR/CSLL fazendo com que o resultado final ficasse bem próximo entre os 2 períodos. No contexto geral, a propriedade apresentou um desempenho melhor, já que o lucro líquido, entre os 2 períodos apresentou uma melhora de 52,46% em relação a uma receita de vendas de 46,90%.

15.7 Retorno sobre o ativo (ROA – *Return on Assets*)

A sua fórmula é:

$$\textbf{(A) ROA (\%)} = \frac{\textbf{LL}}{\textbf{ATIVO}} \quad \textbf{x 100}$$

Onde:
- LL = lucro líquido (DRE)
- ATIVO = ativo total

Caso se queira eliminar desse índice o efeito dos resultados não operacionais e dos tributos, pode-se substituir o lucro líquido pelo lucro antes do IR/CSLL.

Nesse caso a fórmula é:

$$\textbf{(B) ROA (\%)} = \frac{\textbf{Lucro antes do IR}}{\textbf{ATIVO}} \quad \textbf{x 100}$$

O ativo total é o capital econômico da empresa, ou seja, são os recursos que a empresa constituiu financiados através do capital próprio e do capital de terceiros e ainda dos lucros realizados. Através do ROA é possível medir a eficiência da empresa na geração de lucros e a eficácia na alocação dos ativos, ou de outra forma, na eficiência dos financiamentos (de terceiros ou próprios) feitos pela empresa.

É do tipo quanto maior melhor, ou seja, quanto maior, mais a empresa está ganhando com seus ativos.

Pela grande variação que pode ocorrer dependendo da empresa, um bom parâmetro da qualidade desse índice é compará-lo com outras empresas do mesmo setor, segmento e porte.

Basicamente, um ROA baixo se deve a fatores tais como investimentos em projetos que não utilizem os ativos adequadamente, ou a uma baixa produtividade na produção e/ou desperdícios ou perdas (matéria-prima, excesso de despesas, defeitos etc.).

Pelo fato do ativo ser normalmente financiado em parte através do capital de terceiros (PC + PNC) e em parte do capital próprio (PL), e que esses capitais remuneram tanto os financiadores (terceiros, através de juros), quanto os financiadores (próprios, através de dividendos), é possível se comparar o custo do capital total investido com o ROA. Caso o ROA seja superior ao custo do capital, a situação é interessante para a empresa. Veremos o cálculo do custo do capital no capítulo dedicado ao EVA.

Exemplos:

$$(A) \ ROA \ (\%) \ 2021 = \frac{744}{12.959} \times 100 = 5,74\%$$

$$(A) \ ROA \ (\%) \ 2020 = \frac{488}{9.340} \times 100 = 5,22\%$$

$$(B) \ ROA \ (\%) \ 2021 = \frac{1.037}{12.959} \times 100 = 8,00\%$$

$$(B) \ ROA \ (\%) \ 2020 = \frac{605}{9.340} \times 100 = 6,47\%$$

No nosso exemplo, em ambos os conceitos (A) e (B) houve um aumento do retorno sobre os ativos entre 2020 e 2021.

Considerando o conceito (A) para análise, o retorno em 2021 de 5,74% é baixo (se considerarmos a SELIC 2021 que fechou em 9,25%). Entretanto, cada caso é um caso; muitas atividades exigem mais ativos fixos para produzir e um ROA baixo pode nos levar a pensar numa ineficiência da gestão, o que pode não ser verdade.

15.8 Retorno sobre o PL (ROE – *return on equity*)

Muito semelhante ao ROA, porém no divisor considera-se apenas o capital próprio investido na empresa, ou seja, o PL.

A sua fórmula é:

$$(A) \ ROE \ (\%) = \frac{LL}{PL} \times 100$$

Onde:
- LL = Lucro Líquido (DRE),
- PL = Patrimônio Líquido.

Ou

$$(B)\ ROE\ (\%) = \frac{\text{Lucro antes do IR}}{\text{PL}} \times 100$$

Assim, o ROE indica o aproveitamento do capital próprio na geração de lucro da empresa. É do tipo quanto maior melhor.

Um ponto importante a ser considerado é o de que o nível de financiamento exigido em empresas de segmentos, setores e portes diferentes podem ser bastante variados. Uma indústria exige um nível de financiamento de matéria-prima, estocagem, equipamentos, maquinários, instalações etc., bem maior do que um comércio e ainda maior do que o de uma prestadora de serviços. Por exemplo, uma fábrica de software tem seu maior capital (ativo) composto por pessoas, por conhecimento, por ideias que, no entanto, não são contabilizadas nos demonstrativos dessas empresas, de acordo, com as regras contábeis vigentes.

O ROE é um índice que pode aumentar quando a empresa aumenta seu nível de endividamento, ou seja, aumenta seu financiamento através do capital de terceiros (alavancagem financeira). Essa situação pode ser interessante para empresa, mas exige uma gestão cuidadosa.

O ROA e o ROE devem ser analisados conjuntamente, já que um ROE elevado pode parecer indicar que a empresa está gerando bons ganhos em caixa, entretanto se o ROA for baixo, indica que a empresa está endividada (capital de terceiros). Então, não se paute apenas em um índice para basear suas análises.

Exemplos:

$$(A)\ ROE\ (\%)\ 2021 = \frac{744}{3.524} \times 100 = 21{,}11\%$$

$$(A)\ ROE\ (\%)\ 2020 = \frac{488}{2.940} \times 100 = 16{,}60\%$$

$$(B)\ ROE\ (\%)\ 2021 = \frac{1.037}{3.524} \times 100 = 29{,}43\%$$

$$(B) \text{ ROE } (\%) \text{ } 2020 = \frac{605}{2.940} \quad \text{x } 100 = \quad 20,58\%$$

No nosso exemplo, em ambos os conceitos (A) e (B) houve um aumento do retorno sobre o PL (capital próprio) entre 2020 e 2021.

Considerando o conceito (A) para análise, o retorno em 2021 foi de 21,11% ante 16,60% em 2020. O PL teve um aumento de 19,86% entre os dois perídios indicando um aumento do capital próprio. O lucro líquido aumentou em 52,46%% entre os dois períodos. Portanto, houve um aumento nos investimentos próprios e um aumento maior ainda no lucro líquido afetando o ROE positivamente.

15.9 Retorno sobre um investimento específico (ROI – *Return on Investment*)

O ROI – *Return on Investment* ou Retorno sobre os investimentos se confunde com o ROA – *Return on Assets* ou Retorno sobre o Ativo. Inclusive em muitas obras apenas um deles é apresentado. Sendo o ROI e o ROA, respectivamente os retornos dos investimentos e dos ativos, e que os investimentos em uma empresa são os seus ativos, de fato, esse é um conceito válido. Entretanto, decidimos mantê-los separados para apresentar uma diferença de uso entre ambos.

Já vimos que o ROA indica a capacidade da empresa gerar renda através de seus ativos, ou seja, a eficiência da empresa no uso de seus ativos para gerar lucro, ou a rentabilidade de seus ativos.

Já o ROI pode ser utilizado para medir os efeitos de um investimento específico, ou seja, medir a rentabilidade de um determinado investimento para a empresa em determinado período.

Sua fórmula é:

- **ROI = (Receita adicional – Gasto Adicional) / Gasto Adicional * 100**

A Receita adicional e o Gasto adicional são apenas aqueles gerados especificamente pelo investimento avaliado.

Por exemplo: Uma empresa resolve adquirir um equipamento para utilizá-lo por no mínimo 15 anos (180 meses). O custo de aquisição, instalação, manutenção, desmonte e descarte futuro desse equipamento é de $ 1.000.000. É esperado que esse equipamento promova uma receita mensal adicional de $ 20.000. Logo, teremos uma receita adicional no decorrer de 15 anos de $ 3.600.000.

Exemplo:

- **ROI (equipamento) = (3.600.000 – 1.000.000) / 1.000.000 * 100 = 260%**

Ou seja, o ROI sobre o equipamento será de 260%.

Veremos outros detalhes do ROI, na sequência quando estudarmos a análise da rentabilidade pelo método Dupont.

15.10 Grau de alavancagem financeira (GAF)

Entende-se por alavancagem financeira a capacidade da empresa se utilizar de encargos financeiros (remuneração de terceiros) para maximizar seus efeitos sobre o lucro. A alavancagem financeira mede o efeito das despesas com juros e pode atuar aumentando o retorno dos investimentos dos acionistas além de normalmente a obtenção de empréstimos ou financiamentos estar associada a vantagens fiscais, como, por exemplo, deduções dos juros pagos no imposto de Renda. A alavancagem financeira surge devido à estrutura de capitais da empresa. Pode parecer estranho, mas ela se baseia no fundamento de que os juros são custos fixos e, portanto, permitem a alavancagem. É evidente, porém, que todo cuidado é necessário, já que os juros da dívida são pagos através dos resultados, na perspectiva de um determinado volume de vendas. Entretanto, não se tem controle sobre o mercado, e a uma queda das vendas não diminuirá as dívidas a serem pagas.

A alavancagem financeira é medida através do impacto nos resultados pela utilização do capital de terceiros. É evidente que empresas com alta alavancagem financeira deve ter suas operações, finanças e fluxo de caixa geridos com extremo cuidado sob o risco de não ter recursos suficientes para cumprir suas obrigações.

Sendo o ROE – *Return on Equity* superior ao custo de captação de recursos de terceiros, torna-se interessante o endividamento.

Há duas formas para o cálculo do GAF, sendo que uma considera os custos com dívida no imposto de renda e outra, mais simples, que não considera. Iremos abordar essa última.

Sua fórmula é:

$$GAF = \frac{ROE}{ROI \ ou \ ROA}$$

Exemplos:

$$GAF \ 2021 = \frac{21,11\%}{5,74\%} = 3,67$$

$$GAF \ 2020 = \frac{16,60\%}{5,22\%} = 3,18$$

- Sendo o GAF maior que 1, indica que a ROE é maior que o ROI/ROA, logo, o ROI/ROA é maior que o custo da dívida e, portanto, o endividamento é justificado.
- Sendo o GAF igual a 1, indica que o ROE é igual ao ROE, logo, o ROI/ROA é igual ao custo da dívida, não havendo alavancagem.
- Sendo o GAF menor que 1, indica que a ROE é menor que o ROI/ROA, logo, o ROI/ROA é menor que o custo da dívida, e, portanto, o endividamento não é aconselhável.

Considerando nosso exemplo, em ambos os períodos o GAF foi maior que 1, indicando um custo de dívida inferior ao seu retorno, justificando o endividamento,

Para evidenciar a alavancagem financeira propomos duas situações: na situação 1 a análise do BP nos mostra que há um investimento de $ 30.000 em capital próprio aplicados em ativos e que a empresa não possui passivos (dívidas). Ao apurar uma receita de $ 20.000 com gastos operacionais de $ 8.000 resulta em um lucro operacional de $ 12.000 antes do IR. Aplicada uma alíquota fictícia de 35% de IR, temos um lucro líquido de $ 7.800 que representa

26% do PL. Já na situação 2, há um investimento de $ 15.000 em capital próprio e outros $ 15.000 em capital de terceiros, o que supondo uma taxa de 12% gera um juro de $ 1.800, diminuindo o lucro líquido antes do IR e por consequência o próprio IR. Com isso, o lucro líquido passa a ser de $ 6.630, o que representa 44% do PL.

Exemplo de grau de alavancagem financeira					
	Situações			Situações	
BP	1	2	DRE	1	2
Ativo			Receita	20.000	20.000
Circulante	10.000	10.000	Gastos operacio-	8.000	8.000
Não circu-	20.000	20.000	nais		
lante			Lucro antes dos juros e IR	12.000	12.000
Passivo		15.000	Despesas finan-		1.800
Dívida			ceiras		
(12%)			Lucro antes do IR	12.000	10.200
PL	30.000		IR (35%)	4.200	3.570
			Lucro Líquido	7.800	6.630
			Retorno sobre o PL (ROE)	26%	44%

15.11 Análise da rentabilidade pelo método Dupont

Foi desenvolvido nos EUA em meado da década de 1920 pelo financeiro da empresa Dupont. Parte das premissas de que a empresa pode elevar sua rentabilidade através de 3 ações:
- Aumentar sua margem líquida
- Aumentar o giro de seus ativos, ou
- Aumentar sua alavancagem financeira.

Assim, a fórmula de Dupont para determinação do ROI/ROA leva em consideração os índices de lucratividade (margem líquida) e produtividade (giro do ativo). Geralmente empresas com alta lucratividade tem baixo giro dos ativos e vice-versa. Por exemplo: uma indústria de equipamentos pesados normalmente tem baixo giro do ativo e alta margem líquida em suas vendas. Já um atacadista tem altíssimo giro de ativo e baixa margem líquida em suas vendas.

Sua fórmula é:

| **(A) ROI/ROA(Dupont)** | **=** | **ML x GA** |

Onde:
- ML = Margem líquida
- GA = Giro do Ativo

Representação gráfica do ROI/ROA(Dupont) – Modelo A

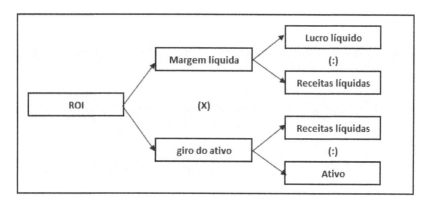

Nos itens anteriores calculamos tanto a Margem líquida (ML) quanto o giro do ativo (GA), conforme a seguir:

$$\text{ML (\%) 2021} = \frac{744}{4.861} \times 100 = 15{,}31\%$$

$$\text{ML (\%) 2020} = \frac{488}{3.309} \times 100 = 14{,}75\%$$

$$\text{GA 2021} = \frac{4.861}{12.959} = 0{,}3751$$

$$GA\ 2020 = \frac{3.309}{9.340} = 0,3543$$

Podemos agora calcular o ROA/ROI pelo método de Dupont:

| (A) ROI/ROA(Dupont) 2021 = | 0,1531 x 0,3751 | = 5,74% |

| (A) ROI/ROA(Dupont) 2020 = | 0,1475 x 0,3543 | = 5,22% |

Reparem que são os mesmos valores que obtivemos quando calculamos o ROA pelo método tradicional.

Alguns autores propõem variações na fórmula do ROI/ROA (Dupont) utilizando a margem operacional ao invés da margem líquida. A margem operacional é obtida através do lucro operacional descartando as receitas e despesas financeiras (é o lucro operacional antes do financeiro). Da mesma forma, ao invés do giro do ativo propõe utilizar o giro do investimento em que se subtrai do ativo total, o passivo operacional. Obs.: o ativo total menos o passivo operacional, podemos chamar de investimentos. Nesse caso, o giro do investimento considera efetivamente o capital próprio (PL) e o capital de terceiros (passivo financeiro).

Sua fórmula é:

(B) ROI/ROA(Dupont) = MO x GI

Onde:
- MO = Margem operacional
- GI = Giro do investimento

Nos exemplos anteriores calculamos a Margem operacional (MO) quanto o giro do ativo (GA), conforme a seguir:

$$MO\ I\ (\%)\ 2021 = \frac{1.487}{4.861}\ x\ 100 = 30,59\%$$

$$MO\ I\ (\%)\ 2020 = \frac{788}{3.309}\ x\ 100 = 23,81\%$$

A fórmula do giro dos investimentos (GI) é:

$$GI = \frac{RL}{\text{Ativo total} - \text{Passivo operacional}}$$

$$GI\ 2021 = \frac{4.861}{12.959 - 2.580} = 0,4683$$

$$GI\ 2020 = \frac{3.309}{9.340 - 1.880} = 0,4432$$

Podemos agora calcular o ROA/ROI pelo método de Dupont:

(B) ROI/ROA(Dupont) 2021 = 0,3059 x 0,4683 = 14,33%

(B) ROI/ROA(Dupont) 2020 = 0,2381 x 0,4432 = 10,55%

Os índices de uma maneira geral podem ser adaptados às necessidades de cada empresa, assim, é possível encontrar alguns modelos com pequenas diferenças. O importante é encontrar (ou criar) aquele que melhor se adapte aos objetivos esperados.

Representação gráfica do ROI/ROA (Dupont) - Modelo B:

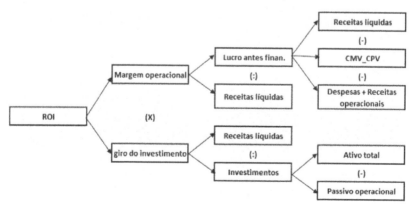

Também podemos calcular o ROE através do método de Dupont.

Para isso, temos que calcular primeiramente o Multiplicador de Alavancagem Financeira (MAF) ou Multiplicador de Capital Próprio, que representa o total de ativos em relação ao patrimônio Líquido (capital próprio). O MAF é o mesmo que o GAF, porém, como no modelo Dupont é chamado de MAF, utilizamos a mesma nomenclatura.

A fórmula utilizada é:

$$MAF = \frac{\text{Ativo total}}{PL}$$

Onde:
- PL = Patrimônio Líquido

Quanto maior o capital de terceiros, maior o MAF[37] (ou GAF), indicando maior alavancagem financeira da empresa.

Exemplos:

$$MAF\ 2021 = \frac{12.959}{3.524} = 3,6774$$

$$MAF\ 2020 = \frac{9.340}{2.940} = 3,1769$$

---

[37] Repare que os resultados dos MAF são os mesmos dos GAF calculados anteriormente. As diferenças referem-se à precisão de casas decimais envolvidas nos cálculos intermediários.

A fórmula do ROE(Dupont) é:

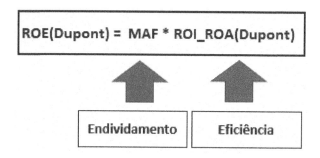

Exemplos:

| ROE (Dupont) 2021 = | 3,6774 x 0,057428 | = 21,11% |
| ROE (Dupont) 2020 = | 3,1769 x 0,052259 | = 16,60% |

Repare que são os mesmos valores que obtivemos quando calculamos o ROE pelo método tradicional.

Representação gráfica do modelo Dupont para ROE, conforme SILVA, 214, adaptado pelo autor:

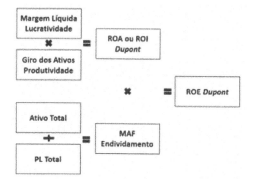

Conforme a figura, o método Dupont possibilita uma decomposição dos componentes do ROE que permite visualizar estratégias para aumentar a rentabilidade.

ESTRATÉGIAS PARA MAXIMIZAR A RENTABILIDADE DO CAPITAL PRÓPRIO

Objetivos a serem alcançados	O que significam	Sugestões de como alcançar
Aumentar o giro do ativo	A eficiência/produtividade do investimento, evidenciada pelo giro do ativo total, demonstra a capacidade que a empresa tem de faturar mais vezes com a mesma estrutura e quantidade de recursos (ativos) à sua disposição.	• Reduzir as necessidades de recursos aplicados no ativo, buscando o mínimo de investimentos operacionais; • Aumentar ao máximo o faturamento com os recursos existentes.
Aumentar a lucratividade líquida sobre as vendas	A lucratividade sobre as vendas representa o quanto a empresa consegue obter por cada valor faturado, evidenciando a estrutura ótima de despesas e custos.	• Aumentar ao máximo o faturamento e o volume vendido. • Reduzir os custos e as despesas aos menores níveis possíveis.

ESTRATÉGIAS PARA MAXIMIZAR A RENTABILIDADE DO CAPITAL PRÓPRIO		
Objetivos a serem alcançados	**O que significam**	**Sugestões de como alcançar**
Diminuir a utilização de capitais de terceiros.	A estrutura ótima de passivo, ou seja, o mínimo de recursos próprios utilizados para financiar os ativos, obtendo o máximo de rendimento do capital próprio investido. O ideal é que haja, dentro do possível, uma participação do patrimônio líquido sobre o ativo total (respeitando as condições mínimas de endividamento e capacidade de pagamento).	• Reduzir as necessidades de investimentos no ativo • Ter a menor participação possível de capital próprio na estrutura de passivos da empresa, ou seja, buscar a alavancagem financeira ideal.

Fonte: SILVA, 2014 p. 163

16 ANÁLISE DE ROTATIVIDADE

Os índices de rotatividade (ou índices de prazo médio) podem ser calculados através do BP, indicando, por exemplo, o quanto a empresa terá que esperar para receber suas duplicatas, ou por quanto em quanto tempo seus estoques se renovam e ainda quanto tempo tem para pagar seus fornecedores, suas compras. São prazos médios e no caso os que estudaremos a seguir, levam à análise dos ciclos operacionais (e de caixa), possibilitando a **tomada de decisões** estratégicas, tanto comerciais quanto financeiras. Todos os índices de rotatividade variam muito de empresa para empresa e devem ser comparados com outras empresas do mesmo segmento e porte.

Os índices de rotatividade são, na maioria, medidos em dias. Alguns autores utilizam para cálculo 360 dias outros 365 dias.

CICLO OPERACIONAL (CO)

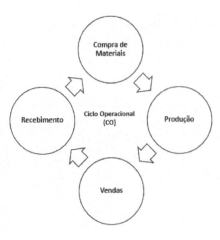

Podemos identificar na figura, o Ciclo operacional, no caso de uma indústria, composto pelas compras de materiais (matérias-primas e componentes), os processos de produção, o processo de vendas e por último o recebimento pelas vendas. Há outros processos intermediários relativos à estocagem, fabricação, pagamentos, recebimentos etc.

PRAZOS MÉDIOS DO CICLO OPERACIONAL

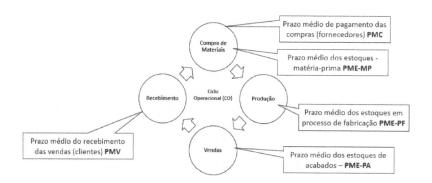

Os diversos prazos médios apresentados podem ser calculados em cada fase do ciclo operacional. Para elaboração dos índices é necessário um BP e uma DRE mais detalhadas, com contas mais analíticas. Isso nem sempre é possível quando não fazemos parte da empresa. Algumas empresas detalham (para o público em geral) essas informações nas Notas Explicativas. Sem essas informações o cálculo dos identificadores fica prejudicado. Assim, utilizaremos as tabelas a seguir, com informações (fictícias) que nos auxiliarão no cálculo dos prazos médios.

Detalhamento dos estoques e ativos biológicos		
ATIVO padronizado (estoques e A.B.)	2021	2020
Estoques	1.931	1.179
Produtos agrícolas (produtos acabados) (10%)	193	117
Outros estoques – matéria-prima (90%)	1.738	1.062
Ativos biológicos		
Culturas temporárias em formação (em processo)	1.177	739

Detalhamento simplificado, considerado uma fazenda agrícola, com estoques de produtos agrícolas disponíveis para venda. Os ativos biológicos são considerados culturas permanentes em formação.

Detalhamento do CPV – Custos dos produtos vendidos		
ATIVO padronizado (estoques e A.B.)	2021	2020
CPV	3.174	2.408
Produtos agrícolas		
Consumo total de materiais (75%)	2.380	1.806
Materiais diretos (90%) (MD)	2.142	1.625
Materiais indiretos (10%) (CIF)	238	182
Mão de obra direta (15%) (MOD)	476	361
Mão de obra indireta (5%) (CIF)	159	120
Outros custos indiretos (3%) (CIF)	96	72
Depreciação (2%) (CIF)	63	49

Outras informações utilizadas		
	2021	**2020**
Clientes	257	278
Receita líquida	4.861	3.309
Receita líquida (60% a prazo)	2.917	1.985
Consumo anual de matéria-prima	2.369	1.806
Compras anuais a prazo (50%)	2.182	1.359
Compras anuais totais	4.364	2.718
Fornecedores	671	732
Custo total da produção	3.926	2.646
Depreciação / Amortização / Exaustão	270	165

Cálculo das compras aplicadas na produção				
	CPV	**EI**	**Compras**	**EF**
2021	3.174	1.179	3.926	1.931
2020	2.408	941	2.646	1.179
Compras aplicadas nos ativos biológicos (culturas em formação)				
2021			438	
2020			72	
Total 2021			4.364	
Total 2020			2.718	

Onde:
CPV = Custo do Produto Vendido
EI = Estoque Inicial
EF = Estoque Final

16.1 Prazo médio dos estoques de matéria-prima – PME (MP)

No caso da atividade agrícola a necessidade imediata dos insumos é mais pontual, definida nos momentos da sua utilização. Difere de uma produção industrial que em caso da falta de matéria-prima a produção fica inviabilizada. O alto índice de rotação dos estoques pode indicar falta de estoque, ou seja, pouco investimento em estoques.

O baixo índice de rotação dos estoques pode indicar excesso de estoques, o que pode influenciar na falta de capital de giro e aumentar custos de estocagem, seguros, logística etc. A não ser que haja necessidade deve ser evitado.

As fórmulas utilizadas são:

$$\text{PME (MP)} = \frac{\text{Estoque de matéria-prima}}{\text{Consumo total de materiais}} \times 365$$

$$\text{Giro PME (MP)} = \frac{365}{\text{PME (MP)}}$$

Exemplos:

$$\text{PME (MP) } 2021 = \frac{1.738}{2.380} \times 365 = 266{,}54 \text{ dias}$$

$$\text{PME (MP) } 2020 = \frac{1.062}{1.806} \times 365 = 214{,}53 \text{ dias}$$

$$\text{Giro PME (MP) } 2021 = \frac{365}{266{,}54} = 1{,}36$$

$$\text{Giro PME (MP) } 2020 = \frac{365}{214{,}53} = 1{,}70$$

O PME (MP) revela que os insumos (matérias-primas) permaneceram, em média, 266,54 dias (2021) e 214,53 dias (2020) nos estoques antes de serem aplicados na produção. Indicaram também que o giro foi de 1,36 vezes (2021) e 1,70 vezes (2020).

O ideal é reduzir investimentos em estoques, aumentando o giro e consequentemente a rentabilidade do capital investido. Evidente que a necessidade do volume de estoques de matéria-prima a ser mantido dependerá do planejamento e experiência do gestor, devendo ser avaliada caso a caso. No caso das atividades agrícolas, a variação de preços e disponibilidade das matérias-primas pode fazer com que o produtor se mantenha um estoque de segurança elevado.

16.2 Prazo médio dos estoques em processo de fabricação – PME (PF) ou culturas em formação

Podemos considerar como processo de fabricação as culturas em formação. Ou seja, são "produtos" que ainda não podem ser comercializados. No caso, são os ativos biológicos, culturas temporárias em formação, por exemplo.

As fórmulas utilizadas são:

$$PME \; (PF) = \frac{Estoque \; em \; processo}{CPV} \times 365$$

$$Giro \; PME \; (PF) = \frac{365}{PME \; (PF)}$$

Exemplos:

$$PME \; (PF) \; 2021 = \frac{1.177}{3.174} \times 365 = 135,35 \; dias$$

$$PME \; (PF) \; 2020 = \frac{739}{2.408} \times 365 = 112,01 \; dias$$

$$\text{Giro PME (PF) 2021} = \frac{365}{135,35} = 2,69$$

$$\text{Giro PME (PF) 2020} = \frac{365}{112,01} = 3,25$$

Os produtos demoraram em média 135,35 e 112,01 dias, respectivamente, para 2021 e 2020 para serem produzidos, girando os estoques de produtos em processo (ou transformação) respectivamente 2,69 e 3,25 vezes nos períodos. A automação e novas técnicas vêm determinando uma redução nesse prazo, elevando sua produtividade.

16.3 Prazo médios dos estoques de acabados – PME (PA)

As fórmulas utilizadas são:

$$\textbf{PME (PA)} = \frac{\textbf{Produtos Agrícolas}}{\textbf{CPV}} \times \textbf{365}$$

$$\textbf{Giro PME (PA)} = \frac{\textbf{365}}{\textbf{PME(PA)}}$$

Exemplos:

$$\text{PME (PA) 2021} = \frac{193}{3.174} \times 365 = 22,19 \text{ dias}$$

$$\text{PME (PA) 2020} = \frac{117}{2.408} \times 365 = 17,73 \text{ dias}$$

$$\text{Giro PME (PA) 2021} = \frac{365}{22,19} = 16,44$$

$$\text{Giro PME (PA) 2020} = \frac{365}{17,73} = 20,58$$

O PME (PA) revela que o estoque de produtos agrícolas permaneceu, em média, 22,19 dias (2021) e 27,73 dias (2020) nos estoques antes de serem vendidos. Indicaram também que o giro foi de 16,44 (2021) e 20,58 vezes (2020).

O estoque de produtos agrícolas depende do tipo de produto. Há produtos com alta perecibilidade e outros que podem ser estocados por longos períodos. O ideal é reduzir investimentos em estoques, aumentando o giro e consequentemente a rentabilidade do capital investido. Entretanto, cada caso é um caso, e deve ser avaliado pelo gestor em função da estratégia da propriedade.

16.4 Prazo médio do recebimento das vendas (clientes) – PMV

O prazo de recebimento das vendas a prazo influencia diretamente na entrada de Caixa na empresa. Entretanto, deve ser analisado em conjunto com o PME (PA) – Prazo médio dos estoques de produtos acabados e com o PMC – prazo médio de pagamento das compras (fornecedores). Esse índice permite avaliar a política de concessão de crédito.

A fórmula é:

$$\text{PMV} = \frac{\text{Clientes}}{\text{Receita líquida a prazo}} \times 365$$

$$\text{Giro PMV} = \frac{365}{\text{PMV}}$$

Exemplos:

$$\text{PMV 2021} = \frac{257}{2.917} \times 365 = 32,15 \text{ dias}$$

$$\text{PMV 2020} = \frac{278}{1.985} \times 365 = 51,11 \text{ dias}$$

$$\text{Giro PMV 2021} = \frac{365}{32,15} = 11,35$$

$$\text{Giro PMV 2020} = \frac{365}{51,11} = 7,14$$

Alguns autores utilizam na fórmula, a receita líquida total, entretanto, precisamos lembrar que a escrituração contábil exige o regime de competência em que independentemente se a venda foi à vista ou a prazo, seu valor é registrado. Para uma maior acurácia proponho usar a receita líquida a prazo.

As vendas a prazo da empresa foram liquidadas em média em 32,15 dias e 51,11 dias, respectivamente para 2021 e 2020. As duplicatas a receber (clientes) se renovaram 11,35 e 7,14 vezes ao ano, respectivamente para 2021 e 2020.

16.5 Prazo médio do pagamento das compras (fornecedores) – PMC

Alguns autores utilizam na fórmula as compras totais, entretanto, precisamos lembrar que a escrituração contábil exige o regime de competência em que independentemente se a compra foi à vista ou a prazo, seu valor é registrado. Para uma maior acurácia proponho usar compras a prazo.

A fórmula é:

$$\text{PMC} = \frac{\text{Fornecedores}}{\text{Compras a prazo}} \times 365$$

$$\text{Giro PMC} = \frac{365}{\text{PMC}}$$

Exemplos:

$$\text{PMC 2021} = \frac{671}{2.182} \times 365 = 112,08 \text{ dias}$$

$$PMC\ 2020 = \frac{732}{1.359} \times 365 = 196{,}60\ dias$$

$$Giro\ PMC\ 2021 = \frac{365}{112{,}08} = 3{,}25$$

$$Giro\ PMC\ 2020 = \frac{365}{196{,}60} = 1{,}85$$

A empresa pagou seus fornecedores com um prazo médio de 112,08 dias em 2021 e de 1.996,60 dias em 2020, ambos superiores aos prazos de recebimento dos clientes nos respectivos períodos. Entretanto, não necessariamente um prazo elevado de pagamentos a fornecedores indica uma boa política, pois pode incrementar os custos da empresa (em razão dos juros pagos nas compras a prazo).

16.6 Ciclo operacional (CO)

A fórmula é:

$$CO = PME(MP) + PME(PF) + PME(PA) + PMV$$

O cálculo do CO leva em consideração a somatória dos prazos dos estoques, matéria-prima (PME-MP) + em processo (PME-PA) + acabados (PME-PA), o recebimento das vendas (PMV).

Exemplos:

$$CO\ 2021 = 266{,}54 + 135{,}35 + 22{,}19 + 32{,}15 = 456{,}23\ dias$$

$$CO\ 2020 = 214{,}53 + 112{,}01 + 17{,}73 + 51{,}11 = 395{,}38\ dias$$

Para identificar se o CO é superavitário ou deficitário, aplica-se a fórmula a seguir.

A fórmula é:

$$CO \text{ (situação)} = \frac{CO}{PMC}$$

- CO (superavitário) <= 1
- CO (deficitário) > 1

Se o resultado da fórmula for menor ou igual a 1 indica que o CO é superavitário, ou seja, não a necessidade de uso do capital de giro podendo esse dinheiro ser aplicado aumentando sua rentabilidade.

Já se o resultado for superior a 1, indica que o CO é deficitário, ou seja, haverá necessidade de buscar recursos para manter a operação da empresa, o que gerará possivelmente encargos afetando a rentabilidade da empresa.

$$CO \text{ (situação) } 2021 = \frac{456,23}{112,08} = 4,07$$

$$CO \text{ (situação) } 2020 = \frac{395,38}{196,60} = 2,01$$

Em ambos os períodos, o CO foi maior do que 1, sendo deficitário e, portanto, havendo necessidade de se buscar recursos para financiar o capital de giro da empresa. Nas atividades agropecuárias, os ciclos são longos em função da necessidade da formação da cultura, o que exige capital de giro elevado.

16.7 Ciclo financeiro (CF)

É também chamado de ciclo de caixa. A comparação entre o tempo para a realização das vendas e o pagamento das compras indica o ciclo financeiro, ou seja, o tempo em que a empresa fica dependente do capital de giro.

A fórmula é:

$$CF = CO - PMC$$

$$CF\ 2021 = 456{,}23 - 112{,}08 = 344{,}15 \text{ dias}$$

$$CF\ 2020 = 395{,}38 - 196{,}60 = 198{,}78 \text{ dias}$$

O CF indica o prazo em dias em que haverá necessidade de financiamento de caixa ou capital de giro.

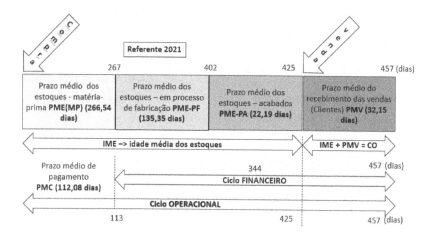

17 ANÁLISE DO CAPITAL DE GIRO

Manter a saúde financeira da empresa é compromisso principal dos analistas financeiros e para tal alguns instrumentos são fundamentais: Capital Circulante Líquido (CCL), a Necessidade de Capital de Giro (NCG) e o Saldo em Tesouraria (ST).

17.1 Capital circulante líquido (CCL)

O equilíbrio financeiro é evidenciado quando o financiamento dos recursos provém de fontes de prazos semelhantes da aplicação desses recursos. Em outras palavras, o passivo circulante deve preferencialmente financiar o ativo circulante.

Nesse sentido, temos o CCL, também chamado de Capital de Giro (CG), que representa a diferença entre o ativo circulante e o passivo Circulante, ou seja, mede a diferença entre os recursos e as dívidas de curto prazo, ou o quanto dos passivos de curto prazo estão financiando os ativos de curto prazo.

A fórmula é:

$$CCL = AC - PC$$

ou

$$CCL = PNC + PL - ANC$$

Onde:
AC = ativo circulante
PC = passivo circulante
PNC = passivo não circulante
PL = patrimônio líquido
ANC = ativo não circulante

Exemplos:

$$CCL\ 2021 = 3.470 - 3.038 = 432$$

$$CCL\ 2020 = 3.561 - 2.177 = 1.384$$

Trata-se de uma medida estática que representa uma folga financeira que a empresa dispõe para liquidar dívidas de curto prazo, devendo preferencialmente ser analisada com os índices de liquidez e rotatividade.

17.2 Necessidade de capital de giro (NCG)

Para esse cálculo é necessário separar-se, tanto no ativo circulante quanto no passivo circulante o que operacional é o que é financeiro. O ativo circulante operacional representa o investimento decorrente das atividades operacionais tais como compra, produção, estocagem e vendas. Já o passivo circulante operacional é o financiamento decorrente também dessas mesmas atividades.

Já, tanto o ativo quanto o passivo, circulantes financeiros, são os que não se relacionam diretamente com as atividades de operações da empresa.

A fórmula é:

$$\textbf{NCG = ACO - PCO}$$

Onde:
ACO = ativo circulante operacional
PCO = passivo circulante operacional

Exemplos:

NCG 2021 = 3.424 – 2.580 = 844

NCG 2020 = 2.242 – 1.880 = 362

Relação entre ACO e PCO (Fonte: adaptado de SILVA, 2014)	
ACO > PCO	Há necessidade de capital de giro e a empresa deve recorrer a fontes de financiamento
ACO = PCO	É apenas didática, praticamente inexistente indicando que a empresa não tem necessidade de capital de giro.
ACO < PCO	Nesse caso a empresa tem mais financiamentos operacionais do que investimentos operacionais. Assim, há sobra de recursos operacionais que poderão ser aplicados no mercado financeiro.

17.3 Saldo em tesouraria (ST)

O saldo em tesouraria é a diferença entre o ativo circulante financeiro (ACF) e o passivo circulante financeiro (PCF), sinalizando a política financeira da empresa, Sendo positiva, indica a disponibilidade de recursos para garantir a liquidez (curtíssimo prazo), e se negativa pode indicar dificuldades financeiras.

Alguns autores desaconselham a manutenção de ST positivo, já que seriam oportunidades de investimentos desperdiçadas talvez por falta de uma estratégia de investimentos adequada.

A fórmula é:

ST = ACF - PCF

Onde:
ACF = ativo circulante financeiro
PCF = passivo circulante financeiro

Exemplos:

$$ST\ 2021 = 46 - 503 = (457)$$

$$ST\ 2020 = 1.319 - 297 = 1.022$$

Quando o ST apurado é negativo, indica que a empresa possui dívidas vencíveis no curto prazo, contraídas normalmente para financiar seu capital de giro junto a instituições financeiras. Já sendo positiva, indica que a empresa tem disponibilidade de recursos para pagar suas dívidas de curto prazo.

17.4 CCL x NCG x ST

Acompanhar o NCG e CLL é necessário para uma adequada avaliação da saúde financeira. O desequilíbrio entre esses dois índices pode demonstrar que a empresa tem um aumento da NCG superior ao seu CCL. Ocorrendo continuamente causa o "efeito tesoura"[38], demonstrando a incapacidade de a empresa financiar adequadamente seu capital de giro, necessitando cada vez mais de recursos para financiá-lo e dispondo cada vez menos de ST. Isso predispõe a empresa a riscos financeiros.

Pode ser causado pelo aumento do volume operacional do negócio ocasionado elevada alavancagem financeira, ou seja, a dependência elevada de capital de terceiros. É importante frisar que o problema não é utilizar esse tipo de capital, mas mal administrá-lo – prazos e taxas devem estar adequados ao ciclo de vendas. O lucro é a melhor forma de financiar o capital de giro. Imobilizações devem ser financiadas com prazos longos mais adequados aos retornos obtidos nessas imobilizações. Por exemplo, um equipamento possui longa

---

[38] Método desenvolvido por Fleuriet na década de 1970.

vida útil e o aumento do retorno proporcionado por ele pode levar mais tempo.

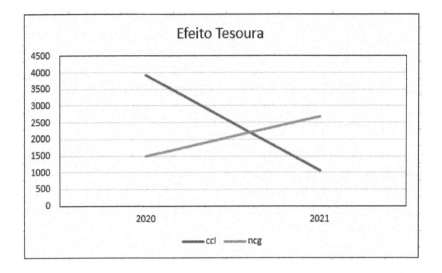

18 OUTROS ÍNDICES

Alguns outros índices podem ser elaborados. Apresentamos outros índices normalmente utilizados.

18.1 EVA (*Economic Value Added*)

O EVA, também chamado de Valor Adicionado ou Valor Agregado, é um índice de desempenho, que expressa a real criação (ou destruição) de valor para a empresa, ou seja, mede se um determinado investimento está ou não trazendo ganhos para o investidor. Representa o custo de oportunidade[39] dos investidores como forma de compensar o risco.

Em outras palavras, o EVA apresenta se o investimento gerou riqueza para o negócio, logo, mede a lucratividade real da empresa. É o custo mínimo que a empresa deve ter para remunerar o investimento do acionista.

Apesar de se tratar de matéria de gestão financeira, vale uma digressão rápida para explicarmos sucintamente o custo do capital.

Para se calcular o custo do capital, podemos utilizar a fórmula do WACC – *Weighted Average Cost of Capital* ou CMPC – Custo Médio Ponderado do Capital.

A fórmula é:

$$\textbf{WACC = Ke x We + Kd x Wd}$$

---

[39] Custo de Oportunidade – é o valor que a empresa deixa de ganhar ao optar por um investimento e não por outro.

Onde:
- Ke = custo do capital próprio
- We = percentual do capital próprio na estrutura de capital
- Kd = custo do capital de terceiros
- Wd = percentual do capital de terceiros na estrutura de capital

Através de valores levantados na DRE apresentada, temos:

	2021	AH (%)
Capital de terceiros	9.435	72,80%
Capital próprio	3.524	27,19%
Capital total	12.959	100,00%

Supondo que o capital de terceiros exija uma remuneração a uma taxa de 10% e o capital próprio exija uma remuneração a uma taxa de 12%, temos:

$$WACC\ (2021) = 10 \times 72,80 + 12 \times 27,19 = 10,54\%$$

A comparação do WACC com o ROA/ROI permite identificar se a empresa está agregando valor. No nosso exemplo, o custo do capital foi de 10,54%, enquanto o (A) ROA (%) 2021 foi de 5,74%. Sendo assim, numa análise bastante superficial, a escolha entre aplicar no mercado ou aplicar na empresa recairia em aplicar no mercado. Deve-se assim considerar outros fatores, como o risco, por exemplo.

18.2 EBITDA

EBITDA, é a sigla em inglês para *earnings before interest, taxes, depreciation and amortization*, ou em português LAJIDA – lucro antes dos juros, impostos, depreciação e amortização. É o lucro operacional acrescentado de depreciação e amortização. Mede a capacidade de geração de caixa (ou lucro) da empresa onde o foco é a geração operacional de lucro (ou seja, antes dos impostos) e não a geração de lucro para o investidor.

Suas fórmulas são:

$$\text{EBITDA} = (A) + (B) + (C)$$

Onde:
- (A) = Lucro operacional antes do financeiro
- (B) = depreciação (tabela Outras informações utilizadas)
- (C) = amortização

$$\text{Margem EBITDA} = \frac{\text{EBITDA}}{\text{Receita Operacional Líquida}}$$

Exemplos:

$$\text{EBITDA (2021)} = 1.487 + 270 = 1.757$$

$$\text{EBITDA (2020)} = 788 + 165 = 953$$

$$\text{Margem EBITDA (2021)} = \frac{1.757}{4.861} \times 100 = 36{,}14\%$$

$$\text{Margem EBITDA (2020)} = \frac{953}{3.309} \times 100 = 28{,}80\%$$

Analisando as margens, podemos inferir que em 2021 a cada $ 100,00 de receita líquida a empresa gerou $ 36,14 de caixa e em 2020 para cada $ 100,00 de receita líquida a empresa gerou $ 28,80 de caixa.

A grande vantagem do EBITDA é que fatores que são específicos às contabilidades de cada país acabam não influenciando no seu cálculo, o que ocasionaria que a comparação com empresas de outras nacionalidades fosse inviável. Por exemplo, taxas de juros e legislação tributária têm modelos de cálculo e prazos diferenciados entre os países. Elas não afetam o EBITDA possibilitando que esse índice possa ser comparável com empresas de outras nacionalidades.

A margem é útil, pois com ela é um valor relativo, fica possível de se comparar entre empresas de portes diferentes.

18.3 Margem de contribuição (MC)

A margem de contribuição é um índice que identifica o quanto da receita menos os gastos variáveis, "sobraram" para pagamento dos gastos fixos, propiciando um acréscimo no resultado, aumentando o lucro ou diminuindo o prejuízo. A MC pode ser positiva, mas não ser suficiente para cobrir os gatos fixos na totalidade, portanto, não confundir MC com lucro.

Sua fórmula é:

$$\text{MC(\$)} = \text{Preço de venda unitário} - \text{Gastos variáveis unitários}$$

$$\text{MC(\%)} = \frac{\text{Preço de venda unitário} - \text{Gastos variáveis unitários}}{\text{Preço de venda unitário}} \times 100$$

18.3.1 Exemplo - Margem de contribuição

Supondo um restaurante cuja capacidade instalada é de fornecer até 5.000 refeições por mês. As vendas são de 3.000 refeições ao mês, com custos fixos iguais a $ 9.000 e custo variáveis de $ 12.000. Atualmente o restaurante cobra o preço de $ 10 por refeição. Pede-se calcular (a) o custo de cada refeição, (b) a receita total, (c) o CPV, (d) a Margem de Contribuição unitária, (e) o Lucro Bruto, (f) a Margem de Contribuição total e (g) a Margem de Contribuição em percentual.

Dados do enunciado:

Quantidade vendida	3.000 refeições
Custos fixos totais (CFtot)	$ 9.000
Custos variáveis totais (CVtot)	$ 12.000
logo:	$12.000 / 3.000
Custos variáveis unitários (CVunit)	=> $ 4,00
Preço de venda unitário (PVunit)	$ 10,00

Resolução:

Custo da refeição = (CFtot + CVtot) / Qtde	($ 9.000+ $ 12.000) / 3.000 = $ 7,00
Receita total = PVunit x Qtde	$ 10,00 X 3.000 = $ 30.000
CPV = CFtot + CVtot	($ 9.000+ $ 12.000) = $ 21.000
MC($) unit = PVunit - CVunit	$10,00 - $ 4,00 = $ 6,00
Lucro Bruto = Receita total - CPV	$ 30.000 - $ 21.000 = $ 9.000
MC($) total = MC($) unit x Qtde	$ 6,00 x 3.000 = $ 18.000
MC(%) = (PVunit – Cvunit) / PVunit	($ 10,00 - $ 4,00) / $ 10,00 = 60%

18.4 Ponto de equilíbrio (PE)

O nome do conceito já expressa sua finalidade. É onde receitas e gastos se igualam, sendo o resultado nulo. Como gastos consideramos os custos e despesas tanto fixos quanto variáveis. Para sua apuração algumas considerações são necessárias, tais como: não haver estoques em processo ou de acabados, considerando assim que toda a produção foi vendida.

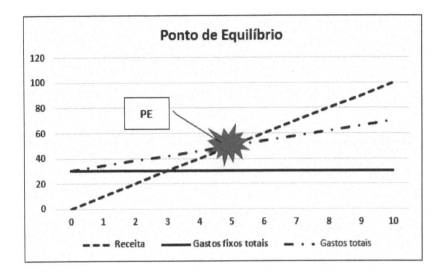

Na contabilidade consideramos 3 tipos de ponto de equilíbrio, que podem ser apresentados tanto em volume (quantidades), quanto em valor (receita):

- Ponto de equilíbrio contábil (ou operacional) PEC(q) ou PEC($),
- Ponto de equilíbrio econômico PEE(q) ou PEE($),
- Ponto de equilíbrio financeiro PEF(q) ou PEF($).

Serve tanto para empresas que produzam e vendam apenas um único tipo de produto ou que produzam e vendam vários tipos de produtos (mix). Nesse último caso, o cálculo de volumes (quantidades) só será possível caso os produtos mantenham uma única unidade de medida. Se forem produtos em unidades de medida diferentes entre si, o cálculo só será possível de ser feito em valor de receita.

As fórmulas são:
- Ponto de Equilíbrio Contábil ou operacional:

$$PEC(q) = \frac{\text{Gastos Fixos Totais}}{\text{Preço unitário de venda unitário} - \text{gastos variáveis unitários}}$$

Notem que o divisor é a Margem de contribuição, logo, podemos também utilizar:

$$PEC(q) = \frac{\text{Gastos Fixos Totais}}{MC(\$)}$$

Podemos também, identificar o PE em valores ($), bastando multiplicar pelo preço de venda unitário.

$$PEC(\$) = \frac{\text{Gastos Fixos Totais}}{MC(\$)} \text{ X Preço de venda unitário}$$

- Ponto de Equilíbrio Econômico:

$$PEE(q) = \frac{\text{Gastos Fixos Totais + Remuneração}}{MC(\$)}$$

$$PEC(\$) = \frac{\text{Gastos Fixos Totais + Remuneração}}{MC(\$)} \text{ X Preço de venda unitário}$$

Onde a remuneração indica uma retirada mínima em que os investidores queiram ser remunerados.

- Ponto de Equilíbrio Financeiro:

$$PEF(q) = \frac{\text{Gastos Fixos Totais – Valores não desembolsáveis}}{MC(\$)}$$

$$PEF(\$) = \frac{\text{Gastos Fixos Totais – Valores não desembolsáveis}}{MC(\$)} \text{ X Preço de venda unitário}$$

Os valores não desembolsáveis apresentados na fórmula são os gastos contábeis como, por exemplo, depreciações e amortizações que são gastos, mas que não influenciam no saldo em caixa (não há saída de dinheiro).

18.4.1 Exemplo – Pontos de equilíbrio

Considerando o mesmo exemplo que utilizamos para margem de contribuição e adicionando novos elementos, temos:

Supondo um restaurante cuja capacidade instalada é de fornecer até 5.000 refeições por mês. As vendas são de 3.000 refeições ao mês, com custos fixos iguais a $ 9.000 e custo variáveis de $ 12.000. Atualmente o restaurante cobra o preço de $ 10 por refeição. A depreciação é de $ 800 e a remuneração mínima pretendida pelos sócios é de $ 2.000. Pede-se calcular (a) PEC(q), (b) PEC($), (c) PEE(q), (d) PEE($), (e) PEF(q) e (f) PEF($).

Dados do enunciado:

Quantidade vendida	3.000 refeições
Custos fixos totais (CFtot)	$ 9.000
Custos variáveis totais (CVtot)	$ 12.000
logo: **Custos variáveis unitários (CVunit)**	$12.000 / 3.000 => $ 4,00
Preço de venda unitário (PVunit)	$ 10,00
Depreciação	$ 800
Remuneração mínima	$ 2.000
MC($) = PVunit - CVunit	$ 10,00 - $ 4,00 = $ 6,00

Resolução:

PEC(q) = CFtot / MC($)	$ 9.000 / $ 6,00 = 1.500 unidades
PEC($) = PEC(q) x PVunit	1.500 x $ 10,00 = $ 15.000
PEE(q) = (CFtot + Remuneração) / MC($)	($ 9.000 + $ 2.000) / $ 6,00 = 1.834 unidades
PEE($) = PEE(q) x PVunit	1.834 x $ 10,00 = $ 18.340
PEF(q) = (CFtot – depreciação) / MC($)	($ 9.000 - $ 800) / $ 6,00 = 1.367 unidades
PEF($) = PEF(q) x PVunit	1.367 x $ 10,00 = $ 13.670

18.5 Grau de alavancagem operacional (GAO)

Entende-se por alavancagem operacional a capacidade da empresa se utilizar de seus ativos operacionais, como custos e despesa fixas para maximizar seus efeitos sobre o lucro antes dos juros e do IR. Pode ocasionar um retorno relativo no lucro operacional maior do que o retorno relativo obtido com o aumento das vendas

A alavancagem operacional de uma empresa é baseada na sua estrutura de custos, basicamente na relação dos custos fixos em relação aos custos totais ou variáveis. Mede os efeitos dos custos operacionais fixos, ou seja, quando os recursos utilizados não aumentam os custos fixos e a quantidade produzida, por exemplo, é maior. Quando a relação entre custos fixos e totais é elevada diz-se que a empresa possui alto grau de alavancagem operacional.

Uma alta alavancagem operacional (altos custos fixos e baixos custos variáveis) significa que pequenas alterações nas vendas podem ocasionar grandes alterações nos resultados, da mesma forma, uma baixa alavancagem (baixos custos fixos e altos custos variáveis) não resultam grandes alterações nos resultados.

Como a estrutura de gastos não aparece nas demonstrações contábeis, o exemplo a seguir, adaptado de SILVA (2014), é simulado com dados aleatórios.

Maiores Gastos fixos	Situação A	Situação B	Variação
Receita de Vendas	100,00	120,00	Vendas 20%
(-) Gastos variáveis	*30,00*	*36,00*	
(=) Margem de Contribuição	70,00	84,00	
(-) Gastos fixos	*60,00*	*60,00*	
(=) Resultado	10,00	24,00	Lucro 140%

Maiores Gastos variáveis	Situação A	Situação B	Variação
Receita de Vendas	100,00	120,00	Vendas 20%
(-) Gastos variáveis	*70,00*	*84,00*	

Maiores Gastos variáveis	Situação A	Situação B	Variação
(=) Margem de Contribuição	30,00	36,00	
(-) Gastos fixos	**20,00**	**20,00**	
(=) Resultado	10,00	16,00	Lucro 60%

A tabela demonstra que maiores gastos fixos em relação aos gastos variáveis, com um aumento de 20% na receita de vendas proporcionou um aumento na variação no lucro operacional de 140%. Já com maiores gastos variáveis em relação aos gastos fixos, um aumento de 20% na receita de vendas proporcionou um aumento na variação do lucro operacional de apenas 60%.

Sendo sua fórmula:

$$\text{GAO} = \frac{\text{Variação do Lucro Operacional}}{\text{Variação do Volume de Vendas}}$$

Exemplos:
- GAO (> gastos fixos) = 140% / 20% = 7 vezes

GAO (> gastos variáveis) = 60% / 20% = 3 vezes

19 ANÁLISE CONJUNTA DE ÍNDICES

Conforme os balanços fictícios que utilizamos nesse livro para cálculo dos índices, aqui tratamos de trazer uma visão geral e conjunta de todos os índices elaborados.

19.1 Endividamento

Endividamento		2021	2020
Participação do capital de terceiros	PCT	267,68%	217,68%
Composição do endividamento	CE	32,68%	34,02%
Imobilização do PL	IPL	280,89%	188,40%
Imobilização dos recursos não correntes	IRNC	93,09%	77,33%
Endividamento geral	EG	72,81%	68,52%

	AH (%)	2021	AH (%)	2020
Capital de terceiros		9.435		6.400
- curto prazo		3.083		2.177
- longo prazo		6.352		4.223
Capital próprio		3.524		2.940
Capital total		12.959		9.340

O endividamento da empresa – participação do capital de terceiros – aumentou ligeiramente entre 2020 e 2021. Ainda assim o endividamento é baixo, pois o capital de terceiros corresponde por menos da metade do capital próprio. O ponto de alerta é que o maior aumento ocorreu com dívidas com vencimento de curto prazo – composição do endividamento – o que exige uma gestão de fluxo de caixa bastante eficiente. Esse aumento das dívidas se refletiu no aumento do endividamento geral. O grau de alavancagem financeira, acima de 1 ponto demonstra a qualidade da dívida, que está gerando resultados alavancados, portanto, são dívidas interessantes para a empresa. A imobilização do PL e de recursos não correntes permaneceu estável e é baixa. Avaliando a NCG – necessidade de capital de giro, com o aumento do ativo circulante operacional bastante superior ao do passivo circulante operacional, podemos supor que o aumento do endividamento ocorreu para financiamento do capital de giro. Entretanto, a empresa possui sólida liquidez e capacidade de pagamento de suas dívidas conforme evidenciado pelos índices de liquidez. A participação do capital de terceiros em relação ao capital próprio é um índice de risco e normalmente empresas que vão à falência apresentam endividamento elevado em relação ao capital próprio.

19.2 Liquidez

Houve uma queda em todos os índices entre 2020 e 2021, mas ainda assim todos demonstraram ser bastante sólidos, suficientes para a empresa pagar com facilidade suas dívidas mais significativas. Outro fator interessante é a de que a empresa não depende de suas vendas para cumprir seus pagamentos, o que evidencia a capacidade da empresa passar por momentos conturbados de mercado. Apenas a liquidez imediata (disponível) não é capaz de pagar na totalidade as dívidas de curto prazo, mas ainda assim pode pagar com caixa praticamente metade dessa dívida.

Liquidez		2021	2020
Liquidez corrente	LC	1,12	1,63
Liquidez seca	LS	0,50	0,77
Liquidez imediata	LI	0,01	0.60
Liquidez geral	LG	0,40	0,59

Entretanto, um alerta é importante, índices que levem em consideração os prazos de realização de receitas e/ou de pagamentos de dívidas, principalmente no longo prazo, não podem ser analisadas com segurança sem que se tenham esses prazos informados, o que quase nunca ocorre para o público externo através das notas explicativas. Confrontar esses índices com o de outras empresas de mesmo setor, segmento e porte pode facilitar a análise.

19.3 Rentabilidade

A rentabilidade da empresa diminui entre 2020 e 2021. Todas as margens diminuíram o que evidencia que os gastos (custos e/ou despesas aumentaram em relação ao aumento da receita de vendas). É necessário que se proceda a uma abertura das contas de despesas e receitas e se faça uma avaliação. Pode tratar-se de algo pontual ou a tendência de um aumento dos gastos não repassados aos preços. Mesmo diminuindo ainda mantém índices relativamente bons em relação às aplicações no mercado financeiro. A diminuição dos índices entre os períodos também pode evidenciar ser uma empresa avessa a riscos restringindo seus investimentos aguardando melhores oportunidades.

Rentabilidade		2021	2020
Giro do ativo	GA	0,37	0,35
Margem bruta	MB	34,70%	27,22%
Margem operacional I	MO I	30,59%	23,81%
Margem operacional II	MO II	21,33%	18,28%
Margem líquida	ML	15,31%	14,75%
(A) ROA	(A) ROA	5,74%	5,22%
(B) ROA	(B) ROA	8,00%	6,47%
(A) ROE	(A) ROE	21,11%	16,60%
(B) ROE	(B) ROE	29,43%	20,58%
Grau de alavancagem financeira	GAF	3,67	3,18
(A) ROI/ROA (Dupont)	(A) ROI/ROA	5,74%	5,22%
(B) ROI/ROA (Dupont)	(B) ROI/ROA	14,33%	12,55%
ROE (Dupont)	ROE(Dupont)	21,11%	16,60%

19.4 Rotatividade

Os índices de rotatividade (ou atividade) parecem elevados, mas só é possível sabermos se são bons ou ruins comparando-se com outras empresas do mesmo setor/segmento e porte. Talvez o mais preocupante seja o prazo médio do recebimento das vendas ser bastante maior que o prazo médio do pagamento das compras. Apesar disso houve uma melhora entre os prazos médios de pagamento e recebimento entre os períodos de 2020 e 2021.

Rotatividade		2021	2020
Prazos médios (dias)			
Estoque de matéria-prima	PME(MP)	266,54	214,52
Estoque de produtos em fabricação	PME(PF)	135,35	112,01
Estoque de produtos acabados	PME(PA)	22,19	17,73
Recebimento de vendas (clientes)	PMV	11,35	7,14
Pagamento de compras (fornecedores)	PMC	112,08	196,60
Giro dos prazos médios (vezes)	Giro PME(MP)	1,36	1,70
PME(MP)	Giro PME(PF)	2,69	3,25
PME(PF)	Giro PME(PA)	16,44	20,58
PME(PA)	Giro PMV	11,35	7,14
PMV	Giro PMC	3,25	1,85
PMC	CO	456,23	395,38
Ciclo operacional (dias)	CO (situação)	Déficit	Déficit
Ciclo operacional (situação)	CF	344,15	198,78
Ciclo financeiro			

20 CONTABILIDADE AMBIENTAL

A inclusão desse tópico deve-se ao crescimento da importância de assuntos relativos ao Meio Ambiente e a atenção com que grande parte da sociedade e dos governos passou a tratá-lo, além da globalização dos negócios e da internacionalização dos padrões de qualidade ambiental (ISO 14000).

Assim, muitas empresas, há alguns anos, começaram a se preocupar em ter uma operação mais sustentável, preservando (ou degradando minimamente) o meio ambiente. Muitas dessas notaram que além de mitigar problemas legais com leis ambientais, preservar a natureza agregaria um bom valor a seus produtos. As empresas passaram a ver essa questão do meio ambiente não só como uma obrigação, mas também pelas possibilidades de ganhos econômicos e estratégicos.

Hoje reconhecemos muitas marcas no mercado brasileiro que tem a sua imagem ligada a operações sustentáveis e preservação da natureza.[40] Por exemplo, a Natura, com movimentos como "Amazônia Viva" ou "Mais beleza, menos lixo".

Em relação às atividades rurais, principalmente no agronegócio envolvendo grandes propriedades, é questão de tempo que essas atividades sejam monitoradas com muito mais restrições. As propriedades que não se atentarem a proteção do meio ambiente poderão ter dificuldades na colocação de seus produtos no mercado. Já há

---

[40] "Questão ambiental tem se tornado muito importante no setor frigorífico". BM&CNews. Sophia Bernardes. Disponível em: < https://www.bmc-news.com.br/2022/01/04/questao-ambiental-tem-se-tornado-muito-importante-no-setor-frigorifico-diz-analista/>. Acessado em: 7/jan/2022.

políticas e regulamentos de mercados voltados para os diversos assuntos de proteção ambiental.

Por outro lado, as empresas precisam de ferramentas para gerenciar e divulgar suas ações específicas ao assunto. Surgiu assim aos poucos, até se tornar um "ramo" da contabilidade, a chamada contabilidade ambiental.

Na verdade, não é uma contabilidade separada da financeira, mas um complemento com dados tanto qualitativos quanto quantitativos agregados ou complementando a contabilidade financeira tradicional.

A contabilidade ambiental emerge como ferramenta para uma gestão sustentável, fornecendo informações que demonstrem soluções para equacionar danos ambientais.

20.1 Princípios ambientais previstos na legislação brasileira

Em 1981 foi sancionada a lei nº 6.938 que dispõe sobre a Política Nacional do Meio Ambiente (PNMA), seus fins e mecanismos de formulação e aplicação que em seu art. 2º "DA POLÍTICA NA-CIONAL DO MEIO AMBIENTE", diz:

> "Art. 2º A Política Nacional do Meio Ambiente tem por objetivo a preservação, melhoria e recuperação da qualidade ambiental propícia à vida, visando assegurar, no País, condições ao desenvolvimento socioeconômico, aos interesses da segurança nacional e à proteção da dignidade da vida humana, atendidos os seguintes princípios:
>
> I - ação governamental na manutenção do equilíbrio ecológico, considerando o meio ambiente como um patrimônio público a ser necessariamente assegurado e protegido, tendo em vista o uso coletivo;
>
> II - racionalização do uso do solo, do subsolo, da água e do ar;
>
> III - planejamento e fiscalização do uso dos recursos ambientais;
>
> IV - proteção dos ecossistemas, com a preservação de áreas representativas;
>
> V - controle e zoneamento das atividades potencial ou efetivamente poluidoras;
>
> VI - incentivos ao estudo e à pesquisa de tecnologias orientadas para o uso racional e a proteção dos recursos ambientais;
>
> VII - acompanhamento do estado da qualidade ambiental;
>
> VIII - recuperação de áreas degradadas;
>
> IX - proteção de áreas ameaçadas de degradação;
>
> X - educação ambiental a todos os níveis de ensino, inclusive a educação da comunidade, objetivando capacitá-la para participação ativa na defesa do meio ambiente.

Também o art. 225 da Constituição Federal de 1988:

> "Todos têm direito ao meio ambiente ecologicamente equilibrado, bem de uso comum do povo e essencial a sadia qualidade de vida, impondo-se ao poder público e a coletividade o dever de defendê-lo para a presente e futuras gerações.

[...] § 3º As condutas e atividades consideradas lesivas ao meio ambiente sujeitarão os infratores, pessoas físicas ou jurídicas, a sanções penais e administrativas, independentemente da obrigação de reparar os danos causados".

20.1.1 Princípio do desenvolvimento sustentável

O desenvolvimento sustentável deverá estar associado, conforme previsto legalmente, no caso das empresas:

- a prevenção ligada aos investimentos aplicados para eliminação, redução ou minimização dos efeitos negativos de sua atividade sobre o meio ambiente;
- a reciclagem, aumentando o ciclo de vida dos produtos (diminuição de dejetos).

Esse princípio remete, em relação à contabilidade, da necessidade de uma gestão ou gerenciamento ambiental, com elaboração de rotinas, processos e procedimentos para promover uma administração eficaz e eficiente na relação das atividades operacionais da empresa com o meio ambiente.

20.2 Gestão Ambiental

A gestão ambiental é baseada na utilização dos recursos naturais de maneira mais adequada possível, e nesse contexto os conceitos de estudo e avaliação do impacto ambiental, a criação de certificações para padronização de atividades e auditoria ambiental.

Entretanto, os resultados não são imediatos o que torna necessário *um* planejamento e organização e a interiorização da variável ambiental na organização possibilitando atingir a excelência ambiental em um prazo menor.

20.2.1 Benefícios da gestão ambiental

Conforme Tinoco e Kraemer (2011), temos:

Benefícios Econômicos
- Economia de Custos
- Redução do consumo de água, energia e outros insumos
- Reciclagem, venda e aproveitamento de resíduos e diminuição de efluentes
- Redução de multas e penalidades
- Incremento da Receita
- Aumento da contribuição marginal de "produtos verdes" que podem ser vendidos a preços mais altos.
- Aumento da participação de mercado, devido a inovação dos produtos e à menor concorrência
- Linhas de novos produtos para novos mercados
- Aumento da demanda para produtos que contribuem para diminuição da poluição

Benefícios Estratégicos
- Melhoria da imagem institucional
- Renovação da carteira de produtos
- Aumento da produtividade
- Alto comprometimento do pessoal
- Melhoria nas relações de trabalho
- Melhoria da criatividade para novos desafios
- Melhoria das relações com os órgãos governamentais, a comunidade e os grupos ambientalistas
- Acesso assegurado ao mercado externo
- Melhor adequação aos padrões ambientais

20.3 Demonstrações Contábeis

Os mesmos instrumentos utilizados pela contabilidade financeira tradicional são adequados e suficientes para demonstração de fatos ambientais, ou seja, BP, DRE, DRA, DMPL, DVA e Notas Explicativas, além dos relatórios internos da empresa, todos são instrumentos que devem viabilizar as informações de fatos ambientais.

20.3.1 Proposta de Plano de Contas Ambiental

O Plano de Contas da Entidade é único, e dependendo da sua postura em relação ao meio ambiente a entidade deve apenas separar as contas que sejam de importância "ambiental", das demais contas normais. (tudo dentro do mesmo plano de contas). Essa separação de contas possibilita a apresentação das demonstrações contábeis mais detalhadas, ficando evidentes, não só os ativos ambientais, bem como os passivos ambientais. Nesse caso, as empresas devem também se preocupar para observar os aspectos sociais e as pressões de organizações para que adotem posturas preventivas, e não só reativas (reparadoras) de eventuais prejuízos causados.

Conforme NBC TE XXX, temos que *a "Contabilidade Ambiental tem o objetivo de identificar, mensurar, reconhecer e divulgar os aspectos econômico-financeiros inerentes aos eventos e às transações relacionados à interação da entidade com o meio ambiente; está inserida no sistema contábil, não se configurando como uma contabilidade à parte".*

Conforme Ferreira (2009) adaptado pelo autor pode-se propor o seguinte modelo de plano de contas, considerando somente as informações ambientais a serem inseridas no plano de contas normal da empresa:

Plano de Contas – Ambiental

Ativo
Ativo Circulante

Estoques
  Matéria-Prima
    renovável
    não renovável
    reciclada
    reutilizável
  Produtos Acabados
    renovável
    não renovável
    reciclada
    reutilizável
Serviços de sequestro de carbono
  sequestro de carbono em andamento
  sequestro de carbono certificado

Ativo não circulante

Realizável a longo prazo

Praticamente as mesmas contas componentes do ativo circulante, porém com prazos de realização no exercício subsequente.

Investimentos
  certificados negociáveis
  reflorestamento para sequestro de carbono
  direitos sobre recursos naturais
Imobilizado
  Tecnologia limpa
  Tecnologia poluente
  Tecnologia de recuperação
  Tecnologia de prevenção
  Tecnologia de conservação
  (-) depreciação acumulada
  (-) amortização acumulada
  (-) exaustão acumulada

Plano de Contas – Ambiental

Passivo
Passivo circulante
Provisão para contingências ambientais:
  Meio ambiente a recuperar
    Contingências de impactos causados pela água
    Contingências de impactos causados pelo solo
    Contingências de impactos causados pelo ar
  Indenizações por doenças causadas
    Contingências de impactos causados pela água
    Contingências de impactos causados pelo solo
    Contingências de impactos causados pelo ar
  Multas prováveis
    Contingências de impactos causados pela água
    Contingências de impactos causados pelo solo
    Contingências de impactos causados pelo ar
  Aposentadorias precoces
    Contingências de impactos causados pela água
    Contingências de impactos causados pelo solo
    Contingências de impactos causados pelo ar
  Compensações diversas
    Contingências de impactos causados pela água
    Contingências de impactos causados pelo solo
    Contingências de impactos causados pelo ar

Passivo não circulante (PNC)
Praticamente as mesmas contas componentes do passivo circulante, porém com prazos de vencimento no exercício subsequente.

Patrimônio Líquido (PL)
  Reserva para contingências ambientais esperadas

Custos Ambientais
  Custo do serviço de sequestro de carbono
  Degradação Produzida

Plano de Contas – Ambiental

Despesas Ambientais

Recuperação de áreas degradadas
  Degradação do ar
  Degradação do solo
  Degradação da água
Depreciação de equipamentos
  Tecnologia limpa
  Tecnologia poluente
  Tecnologia de limpeza
  Tecnologia de prevenção de emissão de resíduos
  Tecnologia de mitigação
  Tecnologia para conservação de recursos
Outras despesas ambientais
  Prevenção
  Treinamento
  Indenizações a terceiros

Receitas Ambientais

    De serviços ambientais
    De venda de certificados de redução de emissões
    De venda de material reciclado

20.4 Modelo gráfico de gestão ambiental

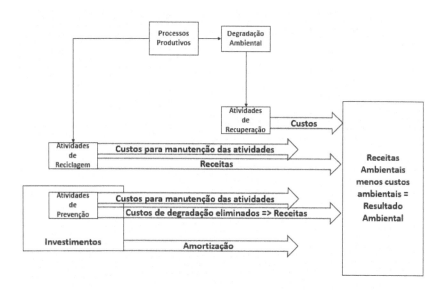

Os processos produtivos podem causar (e normalmente causam) a degradação ambiental, o que gera custos de recuperação. Na agricultura podemos citar a derrubada de florestas ilegalmente para criação de áreas de cultivo a erosão, que é um processo natural, mas que pode ser acelerado com práticas inadequadas de manejo da terra, ou o controle de pragas evitando-se sua disseminação etc.

O processo de recuperação implica em investimentos em atividades de prevenção e em atividades de reciclagem de refugos do processo produtivo que podem voltar a ser reaproveitados. Ambas as atividades nesse sentido geram uma receita ambiental referente ao custo de oportunidade em relação ao custo da degradação que deixou de existir. Os investimentos uma vez colocados em operação passam a ser amortizados. O resultado se positivo entre as receitas ambientais e os custos ambientais indica lucro ambiental, ou seja, aquele que está relacionado a capacidade da empresa recuperar os ambientes degradados através de atividades de prevenção e reciclagem de material.

20.5 Contabilidade Gerencial Ambiental

Ferreira (2009, a partir da p. 119) oferece um modelo de contabilização ambiental bastante interessante, separando as três fases do processo, considerando as atividades de prevenção, recuperação e, por último, reciclagem. Utilizo o modelo adaptado a seguir:

Supondo um grau de degradação ambiental ocasionado pelo processo produtivo ou de criação incorrendo em custos ambientais de $ 3.000. Diante disso, o gestor da propriedade resolve investir em atividades de prevenção, recuperação e reciclagem:

20.5.1 Atividade de prevenção[41]

Na atividade de prevenção é elaborado um projeto de controle de erosão através do uso de *drones*, fotos aéreas, desenvolvimento de um aplicativo computacional para armazenagem e comparação histórica de imagens, onde é possível a identificação das áreas propensas e das áreas já afetadas pela erosão.

Com isso ocorrem os seguintes eventos:

a) Formação do investimento	
• Custo de desenvolvimento *É a somatória dos gastos com material, equipamentos, pessoal, serviços técnicos e outros.*	$ 1.000

b) Conclusão do investimento	
• Preço de mercado	$ 1.200
• Custo de desenvolvimento	$ 1.000

Esses números representam um ganho de capital de $ 200, a decisão de ter desenvolvido internamente o projeto, ao invés de comprá-lo pronto.

---

[41] Adaptado de Ferreira (2009, p. 119 a p. 122).

c) Entrada em operação	
• Valor do ativo	$ 1.200
• Benefícios esperados (eliminação dos futuros custos de degradação) da seguinte forma:	$ 3.000
◊ Perda da disponibilidade de áreas utilizáveis em manutenção	$ 1.000
◊ Correção de áreas que possivelmente afetadas	$ 1.900
◊ Gastos com locação de outras áreas para reposição da área em manutenção	$ 100

A capacidade de gerar benefícios – eliminação dos custos de degradação soma $ 3.000 e o valor do ativo de $ 1.200, resultando em $ 1.800. Nesse caso, a decisão do investimento foi acertada.

d) Provisão para gastos operacionais	
• Custos de manutenção previstos	$ 400
e) Amortização do investimento	
• Amortização prevista	$ 300
f) Amortização da provisão para gastos operacionais	
• Custos de amortização	$ 40
g) Custos de manutenção do ativo operacional	
• Custos de manutenção incorridos no período	$ 20
h) Receitas de serviços da Gestão Ambiental	
• Serviços de prevenção ambiental prestados	$ 300
i) Custos de estrutura da atividade	
• Custos fixos da atividade de prevenção	$ 5

Apuração do resultado da atividade de prevenção		
Contas		**Total**
• **Receitas** ◊ Serviços de gestão ambiental/ benefícios do investimento	$ 300	$ 300
• **(-) Custos Variáveis** ◊ Amortização	($ 300)	($ 300)
• **(=) Margem operacional**		$ 0
• **(+) Receitas financeiras**		
• **(-) Custos financeiros**		
• **(=) Margem financeira**		
• **Resultado do investimento** ◊ Ganho / Perda do Projeto ◊ Ganho / Perda da incorporação pela área ambiental (resultado do investimento $ 1.800 – custos de manutenção previstos $ 400)	$ 200 $ 1.400	$ 1.600
• **Resultado da manutenção** ◊ Custo de manutenção ◊ Reversão da provisão para manutenção do ativo	($ 20) $ 40	$ 20
• **(-) Custos Fixos**	($ 5)	($ 5)
• **Resultado da atividade**		$ 1.615

Balanço Patrimonial – BP

Atividade de prevenção

ATIVO		PASSIVO	
Disponível	$ 300	Fornecedores	$ 1.000
		Contas a pagar	$ 25
		Previsão para contingências	$ 0

Balanço Patrimonial – BP			
Atividade de prevenção			
ATIVO		PASSIVO	
Ativo para prevenção	$ 3.000	PL	
(-) Amortização acumulada	($ 300)	Resultado	$ 1.615
(-) Provisão para gastos de manutenção	($ 360)		
Total Ativo	$ 2.640	Total Passivo + PL	$ 2.640

Razonetes dos lançamentos da atividade de prevenção (FERREIRA, 2009, p. 132)

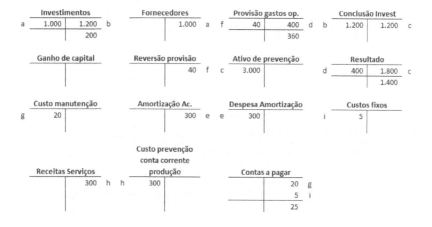

20.5.2 Atividade de recuperação[42]

A recuperação do ambiente degradado pela erosão prevê equipamento para terraplanagem e compactação do solo.

---

[42] Adaptado de Ferreira (2009, p. 122 a p. 125).

Os eventos dessa atividade são os seguintes:

a) Formação do investimento	
• Custo de desenvolvimento *É a somatória dos gastos com material, equipamentos, pessoal, serviços técnicos e outros.*	$ 1.300

b) Conclusão do investimento	
• Preço de mercado	$ 1.300
• Custo de desenvolvimento	($1.300)
• Resultado	$ 0

Ao ser concluído o projeto deve ser avaliado. Nesse caso o projeto não trouxe nenhum benefício.

c) Entrada em operação	
• Benefícios esperados, da seguinte forma: ◊ Disponibilidade de **área**s degradadas	$ 1.900
• Valor do Ativo	($ 1.300)
• Resultado do investimento	$ 600

O investimento foi acertado, pois deduzidos os custos de manutenção a propriedade deixará de incorrer em custos de degradação.

d) Provisão para gastos operacionais	
• Custos de manutenção previstos	$ 285
e) Amortização do investimento	
• Amortização do período	$ 190
f) Amortização da provisão para gastos operacionais	
• Custo de amortização	$ 28,5
g) Custos de manutenção do ativo operacional	
• Custos de manutenção incorridos no período	$ 28,5
h) Receita de serviços da gestão ambiental	
• Serviços de recuperação prestados no período	$ 190
i) Custos de estrutura da atividade	
• Custos fixos mensais da atividade	$ 5

j) Reversão da provisão para contingências	
• Reversão da provisão	$ 190

Como houve recuperação do meio ambiente, deve-se realizar a reversão dos custos lançados no passivo contingente.

O resultado da atividade de recuperação é o seguinte:

Apuração do resultado da atividade de recuperação		
Contas		**Total**
• **Receitas**		
◊ Serviços de gestão ambiental/ benefícios do investimento	$ 190	
◊ Outros	$ 190	$ 380
• **(-) Custos Variáveis**		
◊ Amortização	($ 190)	($ 190)
• **(=) Margem operacional**		$ 190
• **(+) Receitas financeiras**		
• **(-) Custos financeiros**		
• **(=) Margem financeira**		
• **Resultado do investimento**		
◊ Ganho / Perda do Projeto	$ 0	
◊ Ganho / Perda da incorporação pela área ambiental (resultado do investimento $ 600 – custos de manutenção previstos $ 285)	$ 315	$ 315
• **Resultado da manutenção**		
◊ Custo de manutenção	($ 28,5)	
◊ Reversão da provisão para manutenção do ativo	$ 28,5	$ 0
• **(-) Custos Fixos**	($ 5)	($ 5)
• **Resultado da atividade**		$ 500

Balanço Patrimonial – BP			
Atividade de recuperação			
ATIVO		PASSIVO	
Disponível	$ 190	Fornecedores	$ 1.300
		Contas a pagar	$ 33,5
		Previsão para contingências	$ 2.810
Ativo para recuperação	$ 1.900	PL	
(-) Amortização acumulada	($ 190)	Prejuízo exercício anterior	($ 3.000)
(-) Provisão para gastos de manutenção	($ 256,5)	Resultado	$ 500
Total Ativo	**$ 1.643,5**	**Total Passivo + PL**	**$ 1.643,5**

Razonetes dos lançamentos da atividade de recuperação (FERREIRA, 2009, p. 133)

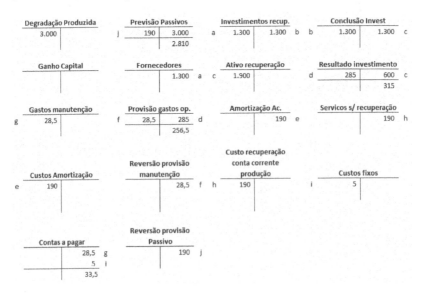

20.5.3 Atividade de reciclagem[43]

A atividade de reciclagem pressupõe alguma possibilidade de reaproveitamento de algum insumo utilizado no processo produtivo. A título de exemplo vamos supor que haja essa possibilidade e que o gestor da propriedade resolva instalar equipamentos para essa atividade.

Os eventos dessa atividade são os seguintes:

a) Formação do investimento	
• Custo do investimento (aquisição + preparação para uso)	$ 50
b) Conclusão do investimento	
• Preço de mercado	$ 40
• Custo de desenvolvimento	($50)
• Resultado	($ 10)

Houve perda de capital para a propriedade.

c) Entrada em operação	
• Benefícios esperados	$ 55
• Valor do Ativo	($ 40)
• Resultado do investimento	$ 15

Os benefícios esperados superam os investimentos, portanto, a decisão foi correta em promover a reciclagem.

d) Provisão para gastos operacionais	
• Custo de manutenção previstos	$ 4
e) Amortização do investimento	
• Amortização do período	$ 6,6
f) Amortização da provisão para gastos operacionais	
• Custo de amortização:	$ 0,4
g) Custos de manutenção do ativo operacional	

---

[43] Adaptado de Ferreira (2009, p. 125 a p. 127).

• Custo de manutenção incorridos no período	$ 0,5
h) Receita de serviços da gestão ambiental	
• Serviços de recuperação prestados no período:	$ 6,6
i) Custos de estrutura da atividade	
• Custo fixos mensais da atividade:	$ 5
j) Venda do produto reciclado	
• Receita da venda	$ 7,2

O resultado da atividade de reciclagem é o seguinte:

Apuração do resultado da atividade de recuperação		
Contas		**Total**
• **Receitas** ◊ Serviços de gestão ambiental/ benefícios do investimento ◊ Venda do produto reciclado	$ 6,6 $ 7,2	$ 13,8
• **(-) Custos Variáveis** ◊ Amortização	($ 6,6)	($ 6,6)
• **(=) Margem operacional**		$ 7,2
• **(+) Receitas financeiras**		
• **(-) Custos financeiros**		
• **(=) Margem financeira**		
• **Resultado do investimento** ◊ Ganho / Perda do Projeto ◊ Ganho / Perda da incorporação pela área ambiental (resultado do investimento $ 15 – custo de manutenção previstos $ 4)	($ 10) $ 11	 $ 1
• **Resultado da manutenção** ◊ Custo de manutenção ◊ Reversão da provisão para manutenção do ativo	($ 0,5) $ 0,4	 $ 0,1
• **(-) Custos Fixos**	($ 5)	($ 5)
• **Resultado da atividade**		$ 3,1

Balanço Patrimonial – BP

Atividade de recuperação

ATIVO		PASSIVO	
Disponível	$ 13,8	Fornecedores	$ 50
		Contas a pagar	$ 5,5
		Previsão para contingências	$ 0
Ativo para recuperação	$ 55	**PL**	
(-) Amortização acumulada	($ 6,6)	Prejuízo exercício anterior	$ 0
(-) Provisão para gastos de manutenção	($ 3,6)	Resultado	$ 3,1
Total Ativo	**$ 58,6**	**Total Passivo + PL**	**$ 58,6**

Razonetes dos lançamentos da atividade de reciclagem (FERREIRA, 2009, p. 134)

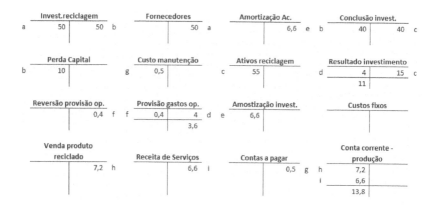

20.5.4 Avaliação do resultado da gestão ambiental[44]

Com base nas atividades, o resultado final pode ser expresso através da DR – Demonstração do Resultado do exercício:

Contas	Prevenção	Recuperação	Reciclagem	Total
Receitas				
• Serviços de gestão	300	380	6,6	686,6
• Venda do produto reciclado	0	0	7,2	7,2
(-) Custos Variáveis	(300)	(190)	(6,6)	(496,6)
• Amortização	**0**	**190**	**7,2**	**197,2**
Margem Operacional				
Resultado investimento	200	0	(10)	190
• Resultado projeto				
• Resultado da incorporação ambiental	1.400	315	11	1.726
Resultado manutenção	(20)	(28,5)	(0,5)	(20,5)
• Custos manutenção	40	28,5	0,4	40,4
• Reversão da provisão para manutenção	(5)	(5)	(5)	(15)
Custos Fixos				
Resultado	**1.615**	**500**	**3,1**	**2.118,1**

---

[44] Adaptado de Ferreira (2009, p. 128 a p. 131).

Balanço Patrimonial – BP			
Gestão Ambiental			
ATIVO		**PASSIVO**	
Disponível	$ 503,8	Fornecedores	$ 2.350
		Contas a pagar	$ 64
		Previsão para contingências	$ 2.810
Ativo imobilizado	$ 4.955	**PL**	
(-) Amortização acumulada	($ 496,6)	Prejuízo exercício anterior	($ 3.000)
			$ 2.118,1
(-) Provisão para gastos de manutenção	($ 620,1)	Resultado	
Total Ativo	**$ 4.342,1**	**Total Passivo + PL**	**$ 4.342,1**

Comparativo dos custos ambientais da produção		
Contas	**Sem gestão**	**Com gestão**
Custos ambientais		
• Degradação ambiental	$ 3.000	$ 0
• Serviços de prevenção	$ 0	$ 300
• Serviços de recuperação	$ 0	$ 190
• Serviços de reciclagem	$ 0	$ 6,6
• Material reciclado	$ 0	$ 7,2
Total	**$ 3.000**	**$ 503,8**

20.6 Alguns Índices ambientais com base na contabilidade

Tomando por base Antonovz (2014) adaptado pelo autor, apresentamos alguns índices que tem origem nas informações contábeis tradicionais, desde que utilizado o plano de contas sugerido para contabilidade ambiental.

Índice	Formulação	Relação Causal
Investimentos ambientais gerais	**(Imobilizado)** **Tecnologias limpas** **+ de recuperação** **+ de prevenção** **+ de conservação** **Ativos totais**	Indica a proporção entre as tecnologias limpas adquiridas no período e os ativos totais da empresa.
Investimentos ambientais em tecnologia limpa	**Tecnologias limpas** **Ativo Imobilizado**	Revela a evolução dos investimentos em tecnologias limpas em relação ao imobilizado.
Investimentos ambientais de prevenção	**Tecnologias de prevenção** **Ativo Imobilizado**	Revela a evolução dos investimentos em prevenção em relação ao imobilizado.
Investimentos ambientais de recuperação	**Tecnologias de recuperação** **Ativo Imobilizado**	Revela a evolução dos investimentos em recuperação em relação ao imobilizado.
Diminuição do patrimônio líquido em decorrência de fatores ambientais	**Despesas com recuperação de áreas degradas + indenizações de terceiros** **Patrimônio Líquido**	Mostra o percentual do patrimônio líquido que está sendo diminuído em função de despesas (perdas anormais) ambientais.

Índice	Formulação	Relação Causal
Perdas ambientas da propriedade	**Despesas com recuperação de páreas degradas + indenizações de terceiros** / **Ativo total**	Relaciona o quanto, em termos percentuais, as perdas significaram sobre os bens e direitos que a propriedade dispunha no período.
Custos ambientais operacionais	**Custos ambientais** / **Receitas operacionais**	Indica o quanto os custos ambientais apropriados no período representam nas receitas operacionais.
Despesas ambientais e operações	**Despesas ambientais** / **Receitas operacionais**	Demonstra o quanto foi consumido das despesas favorecendo o meio ambiente na geração de receitas operacionais.

Notem que a partir do plano de contas ambiental sugerido em complemento ao plano de contas tradicional, podemos elaborar diversos outros índices, de acordo com as necessidades a serem analisadas e controladas.

20.7 Exercícios Resolvidos

Exercício 1

Muitos são os aspectos que levam as empresas a se preocupar com o Meio Ambiente, principalmente de alguns anos para cá. Isso decorre de uma série de ocorrências (positivas e negativas), não só no Brasil, mas em todo o mundo. Dentre as alternativas abaixo, qual aspecto não teria influência (ao menos imediata) em relação à preocupação ambiental por parte das empresas e dos empresários:

a) Legislações reguladoras
b) Redução dos investimentos
c) Desastres ecológicos
d) Boicote de consumidores
e) Ataques da opinião pública

Exercício 2

O desenvolvimento sustentável nas empresas deve estar associado, conforme previsto em alguns princípios. Quais das afirmativas abaixo estão corretas em relação às empresas que procuram um desenvolvimento sustentável:

I. a prevenção ligada aos investimentos aplicados para eliminação, redução ou minimização dos efeitos negativos de sua atividade sobre o meio ambiente.

II. o aumento do ciclo de vida dos produtos.

III. a diminuição de dejetos.

Estão corretas somente as alternativas:
a) somente I e II
b) somente II e III
c) I, II, III
d) somente I e III
e) nenhuma está correta

Exercício 3

Após décadas de problemas ambientais decorrentes de uma preocupação com a produtividade, que era o grande objetivo das empresas, estas, por questões diversas se viram direcionadas para um novo desafio: a importância da questão ambiental (tanto para os órgãos ambientais quanto para a sociedade). No âmbito das empresas, um novo tipo de ferramenta surgiu para dar conta dessa necessidade. Qual o nome mais apropriado para essa ferramenta:

a) gestão ambiental
b) gestão contábil
c) impacto ambiental

d) auditoria externa

e) políticas públicas

Exercício 4

Dentre os benefícios da gestão ambiental temos os benefícios econômicos e benefício estratégicos. Das alternativas abaixo, escolha aquela em que todos os itens se relacionem a **benefícios econômicos**:

a) Reciclagem, venda e aproveitamento de resíduos e diminuição de efluentes; Linhas de novos produtos para novos mercados; Melhoria nas relações de trabalho.

b) Melhoria da imagem institucional; Aumento da produtividade; Alto comprometimento do pessoal.

c) Renovação da carteira de produtos; Redução do consumo de água, energia e outros insumos; Aumento da participação de mercado, devido a inovação dos produtos e à menor concorrência.

d) Melhoria das relações com os órgãos governamentais, a comunidade e os grupos ambientalistas; Acesso assegurado ao mercado externo; Redução de multas e penalidades.

e) Aumento da contribuição marginal de "produtos verdes" que podem ser vendidos a preços mais altos; Aumento da participação de mercado, devido a inovação dos produtos e à menor concorrência; Linhas de novos produtos para novos mercados.

Exercício 5

Seguindo a mesma linha da questão anterior, dentre os benefícios da gestão ambiental temos os benefícios econômicos e benefício estratégicos. Das alternativas abaixo, escolha aquela em que todos os itens se relacionem a benefícios estratégicos:

a) Reciclagem, venda e aproveitamento de resíduos e diminuição de efluentes; Linhas de novos produtos para novos mercados; Melhoria nas relações de trabalho.

b) Melhoria da imagem institucional; Aumento da produtividade; Alto comprometimento do pessoal.

c) Renovação da carteira de produtos; Redução do consumo de água, energia e outros insumos; Aumento da participação de mercado, devido a inovação dos produtos e à menor concorrência.

d) Melhoria das relações com os órgãos governamentais, a comunidade e os grupos ambientalistas; Acesso assegurado ao mercado externo; Redução de multas e penalidades.

e) Aumento da contribuição marginal de "produtos verdes" que podem ser vendidos a preços mais altos; Aumento da participação de mercado, devido a inovação dos produtos e à menor concorrência; Linhas de novos produtos para novos mercados.

Exercício 6 (Unesp)

Um grupo de indígenas que protestava contra a mudança no processo de demarcação de terras cercou nesta quinta-feira [18.04.2013] o Palácio do Planalto. De acordo com um dos representantes do movimento, Neguinho Tuká, a população indígena não foi ouvida durante o processo de elaboração da PEC 215 e teme perder suas terras com as mudanças. "Índio sem-terra não tem vida", declarou o coordenador das Organizações Indígenas da Amazônia Brasileira, Marcos Apurinã. "Não aceitamos e não vamos aceitar mais esse genocídio." O grupo é o mesmo que, na última terça-feira, 16, invadiu o plenário da Câmara dos Deputados em protesto contra a PEC 215, que transfere do Poder Executivo para o Congresso Nacional a decisão final sobre a demarcação de terras indígenas no Brasil.

São processos que vêm contribuindo para o acirramento da tensão social envolvendo a população indígena no campo brasileiro:

a) **o avanço das atividades agrícolas, mineradoras e pecuárias de grande porte; a instalação de usinas hidrelétricas em terras indígenas; e a permanência da concentração de terras no país**.

b) a expansão da reforma agrária; o aumento do desemprego no campo; e a ausência de políticas de assistência social destinada à população indígena.

c) o avanço das atividades agrícolas, mineradoras e pecuárias de grande porte; a expansão da reforma agrária; e a reivindicação da população indígena de direitos não previstos na Constituição Federal.

d) a expansão da reforma agrária e da agricultura familiar; a instalação de usinas hidrelétricas em terras indígenas; e a permanência da concentração de terras no país.

e) a expansão da agricultura familiar no país; o aumento do desemprego no campo; e a ausência de políticas de assistência social destinada à população indígena.

Resolução: A atividade pecuária é uma das principais causadoras dos problemas ambientais no território brasileiro. Ela representa uma ameaça para as terras indígenas, assim como os demais pontos elencados no gabarito, já que implica graves transformações do meio. Ademais, a ocupação ilegal das terras indígenas por parte dos pecuaristas reflete os interesses dessa classe em ocupar terras baratas, produtivas e ainda muito preservadas.

APÊNDICE I – DEMONSTRATIVOS E INFORMAÇÕES UTILIZADOS NOS EXEMPLOS

Balanço Patrimonial padronizado (Modelo)					
Ativo	**2021**	**2020**	**Passivo**	**2021**	**2020**
AC			**PC**		
Financeiro	46	1.319	**Opera-**	2.580	1.880
Disponibilida-des	46	1.319	**cional**		
Aplicações Fi-nan.	0	0	Fornece-dores	671	732
Operacional	3.424	164.001	Outros PC	1.909	1.148
Clientes	257	278	**Finan-**	503	297
Estoques	1.931	1.179	**ceiros**		
Ativos Bioló-gicos	1.177	739	Emprésti-mos	503	297
Outros AC	59	46	**Total PC**	**3.083**	**2.177**
Total AC	**3.470**	**3.561**			
			PNC		
ANC			Emprésti-mos	1.866	1.753
RLP	295	240			
Ativo Perma-nente			Outros PNC	4.486	2.470
Investimentos	3.658	2.212	**Total PNC**	**6.352**	**4.223**
Imobilizado	5.467	3.318			
Intangível	69	9			
Total ANC	**9.489**	**5.779**			

Balanço Patrimonial padronizado (Modelo)					
Ativo	**2021**	**2020**	**Passivo**	**2021**	**2020**
			PL Capital e Reservas	3.524	2.940
			Total do PL	**3.524**	**2.940**
Total do Ativo	**12.959**	**9.340**	**Total do Passivo**	**12.959**	**9.340**

DRE (6.404/76 padronizado)	2021	2020
Receita Líquida (Ativos Biológicos)	4.861	3.309
(-) CMV/CPV	(3.173)	(2.408)
(=) Lucro Bruto	1.688	901
(-) Despesas Operacionais	(377)	(299)
(+) Receitas operacionais	176	186
(=) Lucro operacional (antes do financeiro)	1.487	788
(-) Despesas financeiras	(769)	(527)
(+) Receitas financeiras	319	344
(=) Lucro Operacional	1.037	605
(+/-) Resultado não operacional	0	0
(=) Lucro antes do IR/CSLL	1.037	605
(-) IR/CSLL	(293)	(117)
(=) Resultado Líquido	744	488
(-) Custo de oportunidade (10%)	75	49
(=) EVA	669	439

Detalhamento dos estoques e ativos biológicos		
ATIVO padronizado (estoques e A.B.)	**2021**	**2020**
Estoques	1.931	1.179
Produtos agrícolas (produtos acabados) (10%)	193	117
Outros estoques – matéria-prima (90%)	1.738	1.062
Ativos biológicos		
Culturas temporárias em formação (em processo)	1.177	739

Detalhamento do CPV – Custos dos produtos vendidos		
ATIVO padronizado (estoques e A.B.)	**2021**	**2020**
CPV	3.174	2.408
Produtos agrícolas		
Consumo total de materiais (75%)	2.380	1.806
Materiais diretos (90%) (MD)	2.142	1.625
Materiais indiretos (10%) (CIF)	238	182
Mão de obra direta (15%) (MOD)	476	361
Mão de obra indireta (5%) (CIF)	159	120
Outros custos indiretos (3%) (CIF)	96	72
Depreciação (2%) (CIF)	63	49

Outras informações utilizadas

	2021	2020
Clientes	257	278
Receita líquida	4.861	3.309
Receita líquida (60% a prazo)	2.917	1.985
Consumo anual de matéria-prima	2.369	1.806
Compras anuais a prazo (50%)	2.182	1.359
Compras anuais totais	4.364	2.718
Fornecedores	671	732
Custo total da produção	3.926	2.646
Depreciação / Amortização / Exaustão	270	165

Cálculo das compras aplicadas na produção

	CPV	EI	Compras	EF
2021	3.174	1.179	3.926	1.931
2020	2.408	941	2.646	1.179
Compras aplicadas nos ativos biológicos (culturas em formação)				
2021			438	
2020			72	
Total 2021			4.364	
Total 2020			2.718	

APÊNDICE II – INFORMAÇÕES GERENCIAIS (MODELOS)

Sem sombra de dúvida, é necessário se manter registrada todas as atividades da propriedade, não só aquelas que envolvem valores, mas também quantidades, horas trabalhadas etc.

Mesmo que o gestor da propriedade não tenha possibilidade (ou necessidade) de um sistema contábil mais complexo, é possível manter uma base de informações importante, utilizando-se planilhas eletrônicas simples que fundamentarão a **tomada de decisão**. Até fichas manuais são bem-vindas em caso de preferência – darão um pouco mais de trabalho para totalização etc., mas são necessárias.

Na sequência, exemplos de planilhas/fichas que poderão servir de ideia/modelo para elaboração de controles.

• Controle das Culturas – Insumos

Nesse caso pode ser usado o modelo para todos os tipos de insumos como herbicidas, sementes, inseticidas, fertilizantes, fungicidas etc., inclusive separados por marca, contendo data, o valor unitário na unidade de medida adequada, acrescentado ou não, ao valor da aplicação. Ao final do período, o gestor/produtor terá valorizado todos os insumos e aplicações usados na produção.

APÊNDICE II – Informações gerenciais (modelos)

Controle das Culturas Herbicida – Glifosato	litros			
Data	qtde	$ unitário	$ aplicação	$ total
Xx/xx/xx	99,9	$ 9,99	$ 9,99	$ 9,99
Xx/xx/xx	99,9	$ 9,99	$ 9,99	$ 9,99
Xx/xx/xx	99,9	$ 9,99	$ 9,99	$ 9,99
...	...	...	...	...
Total				$ 9,99

Controle das Culturas Herbicida – Atrazina	litros			
Data	qtde	$ unitário	$ aplicação	$ total
Xx/xx/xx	99,9	$ 9,99	$ 9,99	$ 9,99
Xx/xx/xx	99,9	$ 9,99	$ 9,99	$ 9,99
Xx/xx/xx	99,9	$ 9,99	$ 9,99	$ 9,99
...	...	...	...	...
Total				$ 9,99

Controle das Culturas Herbicida – 2.4d	litros			
Data	qtde	$ unitário	$ aplicação	$ total
Xx/xx/xx	99,9	$ 9,99	$ 9,99	$ 9,99
Xx/xx/xx	99,9	$ 9,99	$ 9,99	$ 9,99
Xx/xx/xx	99,9	$ 9,99	$ 9,99	$ 9,99
...	...	...	...	...
Total				$ 9,99

Controle das Culturas Herbicida – Total	litros			
	qtde	$ unitário	$ aplicação	$ total
Glifosato	99,9	$ 9,99	$ 9,99	$ 9,99
Atrazina	99,9	$ 9,99	$ 9,99	$ 9,99
2.4d	99,9	$ 9,99	$ 9,99	$ 9,99
...	...	...	...	...
Total				$ 9,99

- Controle das culturas – atividades

Complementando a planilha/ficha de insumos, pode ser elaborada outra semelhante para tratar das atividades (operações) e mão de obra relacionadas às culturas, por exemplo:

Controle das Culturas Mão de Obra – Total	horas			
	qtde	$ unitário	$ aplicação	$ total
Plantio	99,9	$ 9,99	$ 9,99	$ 9,99
Colheita	99,9	$ 9,99	$ 9,99	$ 9,99
Outros	99,9	$ 9,99	$ 9,99	$ 9,99
...	...	...	...	...
Total				$ 9,99

Controle das Culturas Plantio / Adubação	horas			
Data	qtde	$ unitário	$ aplicação	$ total
Xx/xx/xx	99,9	$ 9,99	$ 9,99	$ 9,99
Xx/xx/xx	99,9	$ 9,99	$ 9,99	$ 9,99
Xx/xx/xx	99,9	$ 9,99	$ 9,99	$ 9,99
...	...	...	...	...
Total				$ 9,99

Controle das Culturas Transportes	horas			
Data	qtde	$ unitário	$ aplicação	$ total
Xx/xx/xx	99,9	$ 9,99	$ 9,99	$ 9,99
Xx/xx/xx	99,9	$ 9,99	$ 9,99	$ 9,99
Xx/xx/xx	99,9	$ 9,99	$ 9,99	$ 9,99
...	...	...	...	...
Total				$ 9,99

Controle das Culturas Colheita	horas			
Data	qtde	$ unitário	$ aplicação	$ total
Xx/xx/xx	99,9	$ 9,99	$ 9,99	$ 9,99
Xx/xx/xx	99,9	$ 9,99	$ 9,99	$ 9,99
Xx/xx/xx	99,9	$ 9,99	$ 9,99	$ 9,99
...	...	...	...	...
Total				$ 9,99

Controle das Culturas Atividade total	horas			
	qtde	$ unitário	$ aplicação	$ total
Plantio / Adubação	99,9	$ 9,99	$ 9,99	$ 9,99
Transporte	99,9	$ 9,99	$ 9,99	$ 9,99
Colheita	99,9	$ 9,99	$ 9,99	$ 9,99
...	...	...	...	...
Total				$ 9,99

As planilhas apresentadas podem fornecer ao gestor/produtor informações sobre os custos envolvidos considerando o custo pago ou mesmo o custo de reposição. Podem surgir várias análises dessas informações.

Além disso, podem ser elaboradas considerando o tipo de lavoura separadamente, por exemplo, soja, milho, cana etc., propiciando controle individual por tipo de lavoura, dos insumos, mão de obra e atividades.

Outro modelo de fichamento pode referir-se ao controle de dias trabalhados por tipo de atividade/lavoura, podendo ser por homem, equipe de trabalha, máquina ou mesmo grupo de máquinas (cada uma com seu fichamento específico), como a seguir:

	Período: mês/ano Horas trabalhadas semanais por atividade horas/ homem ou máquina)			
	Semana 1	Semana 2	Semana 3	Semana 4
Café				
Milho				
Cana				
Supervisão				
...				
Total				

Fichamento semelhante ao anterior pode ser elaborado considerando as receitas auferidas dia a dia, ou pode ser simplificada para mês a mês. Também pode ser individual por trabalhador etc.

Outros modelos:

Modelo de controle de imobilizado (OLIVEIRA, 2008, p. 104)

Descrição	Ano de aquisição	Valor do bem $	Vida útil
Estábulo 50m² Mangueira 20m² Trator 70CV Grade niveladora Semeadora Pulverizador Colheitadeira Matrizes Touros Total			

Modelo da avaliação da composição da receita (OLIVEIRA, 2008, p. 105)

Composição da receita	$ Valor	Participação %
Produto Agrícola – milho		
Leite vendido		
Animais vendidos		
Insumos vendidos		
Máquinas e equipamentos		
Outros produtos vendidos		
Receita TOTAL		

Modelo de indicadores zootécnicos (OLIVEIRA, 2008, p. 106)

Descrição Período – xx/xx/xxx	Unidade	Total
Produção mensal – leite	Litros	
Total de animais	Quantidade	
Animais em lactação	Quantidade	
Animais em lactação	%	
Vacas secas	Quantidade	
Média de produção diária (por animal)	Litros/vaca/dia	
Média de produção diária	Litros/dia	
Produção por área	Litros/ha	

Enfim, a elaboração das planilhas/fichas pode ser explorada de acordo com a necessidade do gestor/proprietário. Várias possibilidades são viáveis. O importante é manter um conjunto atualizado de informações para facilitar e aprimorar a gestão da propriedade.

GLOSSÁRIO

Agricultura – A agricultura é definida com escopos variados, em seu sentido mais amplo, usando os recursos naturais para "produzir mercadorias que mantêm a vida, incluindo alimentos, fibras, produtos florestais, hortaliças e seus serviços relacionados". Assim definida, inclui a agricultura arvense, a horticultura, a pecuária e a silvicultura, mas a horticultura e a silvicultura são, na prática, muitas vezes excluídas. Também pode ser amplamente decomposto em agricultura de plantas, que diz respeito ao cultivo de plantas úteis, e agricultura animal, a produção de animais agrícolas.

Agricultura Arvense – Terra arável, que pode ser usada para o cultivo.

Apicultura – é o ramo da zootecnia dedicado a criação de abelhas.

Arboricultura – Produtos agrícolas provenientes de árvores, como florestamento, pomares, vinhedos etc.

Ativo Ambiental – é o recurso controlado pela entidade, cujos benefícios futuros esperados estejam diretamente associados com a proteção do meio ambiente, ou com a recuperação daquele já degradado. Incluem-se também as áreas nativas mantidas para conservação. Não se confunde com ativo ambiental aquele cujo objetivo principal esteja ligado ao processo produtivo e que opera com menor grau de agressividade ao meio ambiente (tecnologia limpa). Entretanto, embora não se caracterizando como ambiental, tal ativo também deve ter um subgrupo segregado dentro do grupo de ativos operacionais.

Avicultura – é o ramo da Zootecnia dedicado a criação de aves para produção de alimentos, em especial carne e ovos.

Citricultura – se refere ao cultivo ou plantação de frutas cítricas.

Compensação Ambiental – é o benefício concedido à comunidade para minimizar os efeitos da agressão provocada pela atividade da entidade.

Contingência Ambiental – é o risco de natureza ambiental a que se sujeita a entidade em função de sua interação com o meio ambiente. Tal risco envolve aspectos econômico-financeiros e sua definição depende de fato futuro.

Crédito de Carbono[45] – é um certificado que comprova que uma tonelada de dióxido de carbono (CO_2) deixou de ser emitida para a atmosfera. Ao comprar esses créditos, você está investindo em projetos que visam capturar o excesso de dióxido de carbono, reduzindo assim o efeito estufa e o aquecimento global.

Cultura hortícola (ou forrageira) – são os produtos agrícolas que não são provenientes de árvores, como cereais, hortaliças, especiarias, fibras, floricultura, tubérculos e oleaginosas, dentre outras.

Cunicultura – é o ramo da Zootecnia que trata da criação de coelhos. Como atividade pecuária é o conjunto de procedimentos técnicos e práticos necessários à produção de carne, pele e pelos de coelho ou criação do animal em condições especiais para uso como cobaias de laboratório.

Custo Ambiental – são consumos de recursos incorridos e reconhecidos pela entidade relacionados ao processo produtivo que tenham por objetivo mitigar e prevenir danos ambientais causados pelas atividades operacionais ou outros consumos vinculados à produção.

Despesa Ambiental – são gastos gerais que tenham relação com o meio ambiente, realizados no período, e que não estejam relacionados especificamente com o processo produtivo da entidade.

---

[45] Tratamento contábil dos créditos de carbono – uma análise a luz das normas do Comitê de Pronunciamentos contábeis – vide referências bibliográficas.

Estudo Prévio de Impacto Ambiental (EIA) – é a análise ampla e profunda dos impactos ambientais e das medidas mitigadoras ao meio ambiente apresentadas em virtude do funcionamento de empreendimento de acordo com a legislação ambiental vigente.

Floricultura – que estuda a produção de flores ornamentais ou de uso terapêutico.

Fração Mínima de Parcelamento – é a área mínima fixada para cada município, que se pode desmembrar, para constituição de um novo imóvel rural, desde que o imóvel original permaneça com área igual ou superior à área mínima desmembrada.

Fruticultura – que estuda a produção de frutas.

Hortaliças – usado para designar produtos nutricionais, agrícolas e culinários que se referem a plantas ou parte destas, geralmente consumida por humanos como alimento.

Horticultura – é o ramo da agricultura que estuda as técnicas de produção e aproveitamento dos frutos, hortaliças, árvores, arbustos e flores. Inclui também a jardinagem.

Impacto ambiental – é qualquer alteração, positiva ou negativa, das propriedades do meio ambiente causada por entidade, comparativamente com a situação existente antes do início de determinada atividade.

Impacto ambiental positivo ou mitigação ambiental – refere-se às medidas realizadas pela entidade com objetivo de reduzir os danos ou a degradação ambiental causada ao meio ambiente em decorrência das suas atividades.

Impacto ambiental negativo – refere-se aos danos ou à degradação causada ao meio ambiente em decorrência das atividades da entidade.

Insumo – pode ser visto como fator de produção (como máquinas) ou como matéria prima. É utilizado no processo de produção agregando ou não ao que está sendo produzido.

Interação da entidade e meio ambiente – é a entrada e a saída de recursos da entidade para o meio ambiente e vice-versa durante o desenvolvimento das atividades operacionais, como, por exemplo, na extração de matérias-primas ou descartes de resíduos e embalagens de produtos e insumos.

In natura – é uma locução latina que significa "na natura, da mesma natureza". É usada para descrever os alimentos de origem vegetal ou animal que são consumidos em seu estado natural.

Legumes – vide Hortaliças.

Meio ambiente – é o conjunto de condições, leis, influências e interações de ordem física, química e biológica, que permite, abriga e rege a vida em todas as suas formas.

Obrigação construtiva – é a obrigação assumida pela organização de origem ética e moral, decorrente da conscientização oriunda de sua responsabilidade para com o meio ambiente.

Olericultura – que estuda a produção de hortaliças.

Passivo ambiental – são obrigações para com terceiros resultantes de impactos causados ao meio ambiente. Pode se constituir na obrigação de recuperação de áreas degradadas, indenização de terceiros em função dos efeitos de danos ambientais, obrigações de criar meios de compensação para minimizar danos ambientais e, ainda, multas e penalidades semelhantes por infração à legislação ambiental.

Piscicultura – é o ramo da Zootecnia dedicado a criação de peixes para produção de alimentos.

Receita de serviço ambiental – envolve, exclusivamente, os serviços de preservação ou conservação, no estado natural, de elementos da natureza como água, ar, flora ou fauna, isoladamente ou em conjunto.

Receita pró-ambiental – são decorrentes de atividades executadas pela entidade e que têm por finalidade a redução dos impactos ambientais provocadas por suas atividades.

Recuperação ambiental – são esforços realizados para restabelecimento das condições naturais ou minimização dos efeitos nocivos provocados pela atividade da entidade.

Sericicultura – é o ramo da Zootecnia dedicado a criação de bicho-da-seda.

Serviço ambiental – são prestações de serviços para manutenção de florestas, visando criar condições para que estas possam conservar a biodiversidade, propiciar estabilidade climática e contribuir para o equilíbrio natural, entre outros benefícios.

Silvicultura – que estuda a produção de árvores para diversos fins.

Suinocultura – é o ramo da Zootecnia dedicado a criação de suínos para produção de alimentos.

Verduras – vide Hortaliças.

Vinificação – conjunto de operações técnicas que garantem a transformação da uva em vinho.

Viticultura – é a ciência que estuda a produção da uva, que poderá ser destinada para o consumo in natura, para a produção de sumo, para a vinificação ou para a produção de uva passa. Quando é destinada à preparação de vinhos, usa-se a designação vitivinicultura.

REFERÊNCIAS BIBLIOGRÁFICAS

ANTONOVZ, T. Contabilidade ambiental. Curitiba. Ed. Intersaberes. 2014.

BERNARDES, A. Vacas, novilhas e bezerras: qual a composição ideal de rebanhos de gado de leite? Disponível em: https://blog.prodap.com.br/estruturacao-de-rebanhos-de-bovinos-leiteiros/. Acessado em: 13 de janeiro de 2023.

BRASIL. Lei nº 10.406, de 10 de janeiro de 2002. Institui o Código Civil. 2002. Disponível em: <https://www.planalto.gov.br/ccivil_03/leis/2002/l10406compilada.htm>. Acessado em: 21 de dezembro de 2022.

BRASIL. Decreto nº 9.580/2018. Regulamenta a tributação, a fiscalização, a arrecadação e a administração do Imposto sobre a Renda e Proventos de Qualquer Natureza. Disponível em: < https://www.planalto.gov.br/ccivil_03/_ato2015-2018/2018/decreto/d9580.htm>. Acessado em: 20 de dezembro de 2022.

BRUNI, A. L. A administração de custos, preços e lucros com aplicações na HP12C e Excel. 5ª. ed. São Paulo. Editora Atlas. 2012.

CFC Pronunciamentos. Disponível em: http://www.cpc.org.br/CPC/Documentos-Emitidos/Pronunciamentos. Acessado em: 25 de novembro de 2021.

COMITÊ DE PRONUNCIAMENTOS CONTÁBEIS. Conheça o CPC. Disponível em: http://www.cpc.org.br/CPC/CPC/Conheca-CPC. Acessado em: 18 de novembro de 2021.

COMITÊ DE PRONUNCIAMENTOS CONTÁBEIS. Pronunciamento técnico CPC 00 R2. Estrutura Conceitual para Relatório Financeiro. 2019. Disponível em: http://static.cpc.aatb.com.br/Documentos/573_CPC00(R2).pdf. Acessado em: 10 de dezembro de 2021.

COMITÊ DE PRONUNCIAMENTOS CONTÁBEIS. Pronunciamento Técnico CPC 12. Ajuste a valor presente. 2008. Disponível em: http://static.cpc.aatb.com.br/Documentos/219_CPC_12.pdf. Acessado em: 20 de dezembro de 2021.

COMITÊ DE PRONUNCIAMENTOS CONTÁBEIS. Pronunciamento técnico CPC 16. Estoques. 2009.

COMITÊ DE PRONUNCIAMENTOS CONTÁBEIS. Pronunciamento técnico CPC 26 R1. Demonstrações Contábeis. 2011.

COMITÊ DE PRONUNCIAMENTOS CONTÁBEIS. Pronunciamento técnico CPC 27. Ativo Imobilizado. 2009.

COMITÊ DE PRONUNCIAMENTOS CONTÁBEIS. Pronunciamento Técnico CPC 28 rev12. Propriedade para investimento. 2009.

COMITÊ DE PRONUNCIAMENTOS CONTÁBEIS. Pronunciamento técnico CPC 29. Ativo Biológico e Produto Agrícola. 2009.

COMITÊ DE PRONUNCIAMENTOS CONTÁBEIS. NBC TE XXX interação da entidade com o meio ambiente. Disponível em: http://www.cfc.org.br/uparq/nbc_te_interacao_da_entidade_meio_ambiente.pdf. Acesso em: indisponível em 7 de janeiro de 2022.

CREPALDI, S. A. Contabilidade Rural, 2ª. ed. São Paulo, Ed. Atlas, 1998.

DAL MAGRO, C. B.; VOGT, M.; CUNHA, L. C.; DEGENHART, L.; ROSA, F. S. Contabilidade Rural e de Custos aplicada à atividade leiteira: um estudo de caso em uma propriedade rural do Oeste de Santa Catarina. Disponível em https://anaiscbc.emnuvens.com.br/anais/article/view/3671. Acessado em: 21 de janeiro de 2023.

DUCATI, E. Contabilidade Rural. Departamento de Ciências Contábeis, Universidade Federal de Santa Catarina, 2012. Disponível em https://repositorio.ufsc.br/bitstream/handle/123456789/194937/Contabilidade_Rural_MIOLO.pdf?sequence=1&isAllowed=y. Acessado em: 29 de janeiro de 2023.

EMBRAPA. Eficiência reprodutiva das vacas leiteiras. São Carlos: Circular técnica 64, 2020. Disponível em: https://www.infoteca.cnptia.embrapa.br/bitstream/doc/880245/1/Circular642.pdf. Acessado em 14 de janeiro de 2023.

ESALQJRCONSULTORIA. Ano agrícola 2021. Disponível em https://www.esalqjuniorconsultoria.com/o-que-e-ano-agricola-qual-a-relacao-com-o-calendario-agricola/. Acessado em 5 de janeiro de 2023.

FERREIRA, A. C. S. Contabilidade Ambiental – Uma informação para desenvolvimento sustentável. 2ª. ed. São Paulo, Editora Atlas. 2009.

GALVÃO, J. G. Tratamento contábil no setor bovino de corte à luz do CPC 29. Revista Científica Multidisciplinar Núcleo do Conhecimento. Ano 5, Ed. 11, Vol. 01, pp. 76-92. novembro de 2020. ISSN: 2448-0959.

IN SRF nº 83/2001 Dispõe sobre a tributação dos resultados da atividade rural das pessoas físicas.

KRUGER, S. D. et al. A percepção dos gestores rurais sobre a utilização da contabilidade como instrumento de apoio aos estabelecimentos Rurais. In: XX Congresso Brasileiro de Custos, 2013, Uberlândia. Anais... Uberlândia, 2013

MARION, J. C. Contabilidade Rural: Agrícola, Pecuária e Imposto de Renda. 15ª. ed. São Paulo. Editora Atlas. 2021.

MIGUEL, L. A., SCHREINER, C. T. (orgs.) Gestão e planejamento de unidades de produção agrícola. [recurso eletrônico]. 2ª. ed. Porto Alegre: Editora da UFRGS, 2022. Disponível em: https://www.google.com.br/books/edition/Gest%C3%A3o_e_planejamento_de_unidades_de_pr/Z71gEAAAQBAJ?hl=pt-BR&gbpv=1&printsec=frontcover. Acessado em: 21 de dezembro de 2022.

OLIVEIRA, N. C. Contabilidade do agronegócio: Teoria e Prática. 1ª. ed. Curitiba. Editora Juruá. 2008.

PADOVEZE, C. L., BENEDICTO, G. C. Análise das Demonstrações Financeiras. 3ª. ed. São Paulo. Cengage Learning. 2011.

REVISTA AGROPECUÁRIA. Os Tipos de Pastagens. Site acessado em 19 de março de 2023.

RIBEIRO, Tátila Almeida; SILVA, Milton Pereira da. Contabilidade de agronegócios: avaliação e reconhecimento de ativos biológicos. Centro Universitário de Belo Horizonte, 2015. Site acessado em 13 de janeiro de 2023.

ROMANELLI, T. L.; GHIRARDELLO, G. A.; GIMENEZ, L. M. Depreciação de máquinas agrícolas. Revista Cultivar. Artigo publicado na edição 159 da Cultivar Máquinas. Disponível em: https://revistacultivar.com.br/artigos/depreciacao-de-maquinas-agricolas. Acessado em18 de janeiro de 2023.

TINOCO, J. E. P., KRAEMER, M. E. P. Contabilidade e gestão ambiental. 3ª ed. São Paulo: Atlas, 2011.

TRAVASSOS, M. Contabilidade básica: atualizada pelas leis 11.638/2007 e 11.941/2009 e regras emitidas pelo Comitê de Pronunciamentos Contábeis. Rio de Janeiro. Freitas Bastos, 2022.